JN260699

日本企業の
タイ+ワン戦略

―メコン地域での価値共創へ向けて―

藤岡　資正 編著
Takamasa Fujioka

まえがき

　ASEAN経済共同体（AEC）の創設を目前に控え，地理的にその中心に位置するタイを基点とした戦略的ビジネスモデルの構築がいま注目を集めている。1990年代までの日本企業のタイをはじめとするアジアへの海外直接投資は，工業製品（繊維，家電，機械機器類）の迂回輸出の拠点（末廣 2009）や輸出組立基地（関 1997）として位置づけられ，低廉な原材料や労働力を求めた生産基地拡大のためのコスト優位型海外投資であったとされる（Chirathivat & Srisangnam 2013）[1]。しかし，アジア金融通貨危機を経て，堅調に成長を続けてきたタイは，世界銀行の定義上では，上位中所得国の仲間入りを果たし，日本企業にとって，消費市場としての魅力を高めつつある。このことは，2012年度時点で，日本企業がアジアで製造したもののうち，現在では75％以上が日本を除くアジア諸国で販売されていることからも垣間見ることができる（経済産業省 2014）。

　このように，日本企業のタイへの直接投資は，経営資源探索型（resource/labor seeking FDI）から市場探索型の投資（market seeking FDI: Makino et al. 2002）へと，その性質を変えつつあることは確かであるが，自動車，電子・電気機器産業を中心に，分厚い産業集積を築き上げてきた日本企業にとって，生産拠点としてのタイの重要性は損なわれるわけではない。ここで企業経営に求められるのは，タイを基点としたメコン大での事業を展開する際（分散立地）の地理的空間を適切に捉えながら，各国の発展段階に応じた

---

[1]　ここで，加茂（2006, pp.115-116）が指摘するように，自動車産業のアジア諸国に対する直接投資は，現地国政府の輸入代替化政策に対応するものであり，1980年代に同じくアジアに展開した貿易摩擦回避・迂回輸出のための日本企業の海外進出とは，最終市場をどこに求めているのかという点が異なっていることに留意が必要である。

時間軸を組み入れることで（裁定戦略），域内分業体制の在り方を考えていくという，より高度な次元での戦略的思考である。

世界経済会議（WEF）の国の競争力調査報告書（2013）によると，タイは，第1段階である要素駆動型から第2段階の効率駆動型経済への移行を果たし，現在は，第3段階であるイノベーション駆動型の経済への移行期に差し掛かっている。つまり，タイは，中進国から先進国への移行期にあり，先進国の仲間入を果たすためには，高付加価値型の産業の育成や既存産業構造の転換を進めていかなくてはならない。これは，「中所得国の罠」と呼ばれる課題であり，タイは，1994-5年よりこの罠に陥っているといわれる（Jitsuchon 2012）。この壁を乗り越えるために，タイ政府はこれまでのゾーン制を廃止し，医療，航空，自動車製品開発，環境等の高付加価値型の産業を育成するとの方針のもと，これら分野で高い技術を持つ企業の誘致に舵を切りはじめている（NESDB(国家経済社会開発局) 2011）。当然，タイ独自でこれを成し遂げるのは至難の業となるので，日本などの先進諸国やカンボジア，ラオス，ミャンマーなど国境を共有するメコン地域の近隣諸国，そして日本製造業を中心にサプライチェーンが形成されつつあるベトナムと協力し，補完的な関係を築きながら，戦略的に産業構造の転換を図っていく必要がある。つまり，産業の高度化を着実に進めながらも，これまでタイが担っていた生産ブロックのうち労働集約的な部分を，カンボジア，ラオス，ミャンマー，ベトナムなどの近隣国（CLMV）に移管していかなくてはならない。このように，「中所得国の罠」からの脱却を目指すタイにとっても，メコン諸国との協調的な補完的域内分業体制を築き上げていくことは喫緊の課題であり，こうした大きな流れの中で，日本企業がメコン地域において，どのような役割を果たしていくべきであるのか，その戦略的な意義を大局的に捉えておく必要がある。かつてのタイは（1990年代），アジアNIES（韓国，台湾，香港，シンガポール）に次ぐ第5の虎としての経済発展を期待されていた。チュラロンコーン大学の同僚のタイ人教授が，「私たちも自分の国を

虎だと思って期待をしていたが，金融危機（1997年）の後に実は猫であったということでがっかりした。」と語っていたことを覚えているが，タイがこのまま虎から猫へと収縮したまま眠り続けるのか，あるいは，第5の虎としての成長を果たしていくのか，いままさにその分水嶺に立たされているといえる。

　こうしたなか，本書で取り上げる「タイ＋ワン戦略」は，企業レベルでは，経済発展の格差を活かしながら，製品ラインや生産工程の一部を近隣諸国へ分散化する一方で，原材料の購入や物流拠点などを集約しながら，相互補完的な生産ネットワークを構築する動きである[2]。タイ＋ワンという概念を実践に落とし込む際にカギとなるのが物理的，制度的，人的な連結性の向上である（藤岡 2013）。このうち，物理的・制度的なコネクティビティーは先進諸国やアジア開発銀行などの国際機関を通じたインフラ支援やAECにより大きく向上しつつあるが，最終的には，ヒトとヒト（企業と企業・企業と地域など）との連結性をいかに深化させていくのかを深く考察することが肝要となる。また，政策レベルでは，域内の互恵的・持続的な発展に向けて，相互補完的かつ互恵的なリージョナル生産分業体制を支援する，超国家リージョンでの（supra-national region，浅川 2003），各種プラットフォームの創設が待たれる（大泉 2013, Sasin Japan Center 2014）。

　本書では日本企業の「タイ＋ワン戦略」の「ワン」を，カンボジア，ラオス，ミャンマー，ベトナム（CLMV）としたうえで，図表1に示されているように，日タイが各レベルでの連携をさらに深化させながら，メコン経済圏

---

[2]　タイ＋ワン戦略の可能性をいち早く指摘した大泉によれば，タイ＋ワンとは，「CLMのそれぞれのビジネスチャンスではなく，タイの生産集積地を中心としたサプライチェーンにCLMの国境都市を組み込むことで，サプライチェーンの競争力を高めるというビジネスモデル」である（大泉 2013, p.2）。

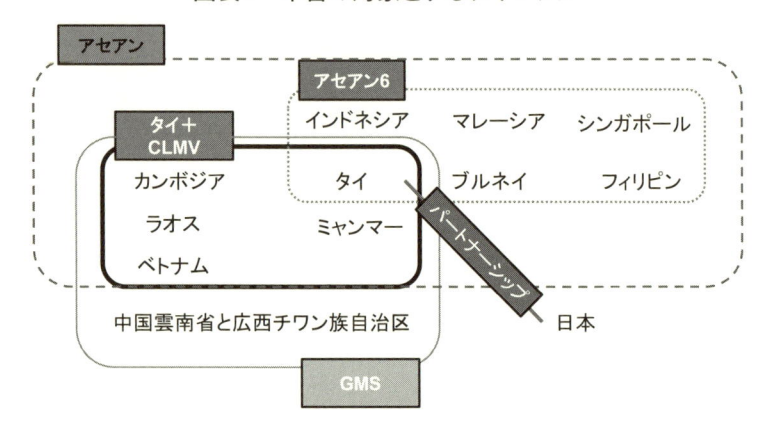

図表1　本書の対象とするタイ+ワン

- アセアン
  - タイ+CLMV
    - カンボジア
    - ラオス
    - ベトナム
    - タイ
    - ミャンマー
  - アセアン6
    - インドネシア
    - マレーシア
    - シンガポール
    - ブルネイ
    - フィリピン
- 中国雲南省と広西チワン族自治区
- GMS
- パートナーシップ
- 日本

全体として産業再配置を進めていくことで，CLMV諸国とともに経済発展を志向することが，日タイ両国にとってのみならず，21世紀をアジアの世紀にしていくためにも不可避であるとの認識を共有している。周知のように，日本国内は，少子高齢化・単身化が進み，市場は縮小していく。日タイの戦略的互恵関係の構築を通じたメコン大での発展を目指すという戦略的なビジョンは，長年培ってきた技術力や経営力を新興市場で活かしたい日本（企業）と，足りない技術を補完し産業の高付加価値化を進めていきたいタイ（企業）と，外資を積極的に取り入れることで工業化を図りたいCLMVという，「お互い」の国益に資するのである。

こうした戦略的互恵関係の構築に際しては，支援国・非支援国という縦の主従関係のみならず，パートナーとしての横の連携強化（Sasin Japan Center 2014）が必須条件となる[3]。つまり，従来型の政府開発援助（Official Development Assistance）を通じたインフラ整備によって，日本企業の直接

---

(3) ここでいう戦略的パートナーシップとは，パートナーである国同士が互いに競争優位を築くために互いのリソースや能力などを共有しながら，継続的に協調関係に入ることを意味する。

投資を増加させていくというサプライヤー的な施策に加えて，既に域内で事業展開しているユーザーとしての日系企業に裨益するための支援をしつつも，日本企業からの技術移転を可能にするプラットフォームを創出し，個々のレベルの活動を運動へと昇華させていかなくてはならない。第二章で松島氏が指摘するように，「国家がクラスターをかたち作るのではなく，横の連携を通じたクラスターが国（そして地域）をかたち創る」のである。現在のように，企業の事業活動が国境を跨いで展開されるようになるほど，国家主権が国民の幸福を担保するために行う政策範囲の有効性は狭まり，逆に地域発展に企業にしか果たすことのできない役割と責任が大きくなる（伊丹1991）。

　こうした認識に基づき，本書では，分析の単位としては，経済発展の原動力となる，企業（の経営）という単位に射程を合わせながらも，「互恵的」「包括的」「持続的」な域内連携という理想のカタチを模索していきたい。こうした理想の追求は，時として，市場原理や企業の論理とのコンフリクトを生じさせることになるであろう。しかし，一定の周期で幾度となく繰り返される金融危機や企業の不祥事を挙げるまでもなく，自らの絶対的な価値を忘れ去り，相対的な価値ばかりを追い求める現代社会の風潮に翻弄されるのではなく，経済の論理のみでは決して説明することのできない，日本企業としての哲学や美学を忘れてはならない。絶対的な価値を追求していくということは，市場やステークホルダーとの対話を閉ざすということではなく，ビジョン（What）と対話（Why）の関係の中で，「何をなぜやるのか」ということについて，利害関係者と徹底的に思考を戦わせる「思考の弁証法」の実践（How）に他ならない（野中・嶋口2007）。

　このように，本書は，メコン大での互恵的・包括的・持続的な発展という理想（ヴィジョン）を描きながらも，企業レベルでの地域戦略のあり方をタイ＋ワンという観点から考察するという新たな試みである。そのため不十分

な部分が残されていると思うがこうした部分に関しては，大方のご批判，ご教示を頂きながら，つぎに生かしていきたい。

　本書を刊行するに際し，日本，タイ，カンボジア，ラオス，ミャンマー，ベトナム，各国の実践のフロンティアでご活躍中の執筆陣の皆様には，ご多忙にもかかわらず，各章の執筆依頼を一つ返事で快く引き受けていただいた。ここに深く感謝を申し上げたい。また，本書の企画段階では，学術界からのみならず，GMS（大メコン経済圏）構想の生みの親である森田徳忠氏（元アジア開発銀行プログラム局長），JICAバンコク事務所の池田修一所長，三好克哉企画調査員をはじめとする多くの専門家の方々より貴重なアドバイスを頂いた。ここですべての方々のお名前を挙げることができないのが残念であるが，深く感謝の意を表したい。皆様からは，社会科学の実証性と規範性をいかに政策論へと結びつけていくべきかを常に問いかけていただいた。

　同友館の佐藤文彦氏とは，二冊目の共同作業となったが，東京での企画会議から出版に至る様々な過程で大変お世話になった。あらためて，この場をお借りして，心より感謝申し上げたい。

　本書の内容が，2015年AEC幕開けの向こうに広がる可能性に満ちた空間について，読者が思考をめぐらせる際の一助となることができれば，望外の喜びである。

　　2015年初春　執筆者を代表して

　　　　　　　　　　　　　　　　　　　白鷺城を望む姫路市にて
　　　　　　　　　　　　　　　　　　　　　　藤岡　資正
　　　　　　　　　　　　　　　　　　　　　（Takamasa Fujioka）

【参考文献】

Chirativat, S. and Srisangnam, P. (2013).The 2030 Architecture of Association of Southeast Asian Nations Free Trade Agreements, *ADBI Working Paper Series*, No.419.
Jitsuchon, S. (2012) Thailand in a Middle-income Trap, *TDRI Quarterly Review*.
Makino, S., Lau, C.M., and Yeh, R.S. (2002) Asset-exploitation versus asset-seeking: Implications for location choice of foreign direct investment from newly industrialized economies, *Journal of International Business Studies*, 33, pp.403-421.
NESDB (2011) *The Eleventh National Economic and Social Development Plan: 2012-2016*.
Sasin Japan Center (2014) Post-AEC Regional Industrial Strategy and the New Thailand-Japan Partnership for the Mekong Region, *JICA Report*.
World Economic Forum (2013) *The Global Competitiveness Report: 2013-2014*.
浅川和宏（2003）『グローバル経営入門』日本経済新聞社
伊丹敬之（1991）『グローカル・マネジメント　地球時代の日本企業』日本放送出版協会
大泉啓一郎（2013）「タイプラスワンの可能性を考える　東アジアにおける新しい工程分業」『環太平洋ビジネス情報RIM』Vol.13, No.51, pp.1-23
加茂紀子子（2006）『東アジアと日本自動車産業』唯学書房
経済産業省（2014）『第43回 海外事業活動基本調査（2013年度調査）』
関満博（1997）『空洞化を超えて　技術と地域の再構築』日本経済新聞社
末廣昭（2009）『タイ中進国の模索』岩波新書
野中郁次郎・嶋口充輝編（2007）『経営の美学―日本企業の新しい型と理を求めて』日本経済新聞出版社
藤岡資正（2013）「中小企業のASEAN進出―連関性を活かした事業展開」『企業診断』（11月号）

◉目次◉

まえがき　*iii*

第1章　セミグローバリゼーション時代のリージョナル戦略としてのタイ+ワンの可能性……1

1　はじめに　*2*
2　メコン地域での戦略的互恵関係の構築　*3*
3　セミ・グローバリゼーションを前提としたタイ+ワン戦略：
　　AAA戦略の実践の場としてのメコン地域　*8*
4　裁定戦略としてのフラグメンテーションの経済性評価：
　　製造原価の内訳の把握とサービスリンクコストの測定　*17*
5　おわりに　*20*

第2章　タイ+ワン戦略……27
―日泰クラスターリンケージの可能性―

1　はじめに：タイ+ワンはジャパン+ワンの戦略的帰結である　*28*
2　リンクするアジア　*35*
3　ミッシングリンク解消に向けた取り組み　*39*
4　おわりに：
　　「お互いプロジェクト」による日泰クラスターリンケージ　*44*

第3章 国境ビジネスの可能性を探る ……………………… 51

1. はじめに　*52*
2. 国境ビジネスの魅力と課題　*54*
3. 国境地域開発の事例紹介　*60*
4. おわりに　*68*

第4章 地域補完型工業化でラオスは発展する ………… 71
―タイ+ワン・チャイナ+ワンの進化―

1. はじめに　*72*
2. タイ+ワンを加速させるマクロ環境の変化　*73*
3. 日系企業の地域補完型工業化戦略　*78*
4. おわりに：物流と労働人口　*90*

第5章 新たな製造拠点としてのカンボジア ……………… 95

1. はじめに　*96*
2. 貿易・直接投資　*98*
3. 産業開発　*102*
4. おわりに　*113*

第6章 日本ものづくり企業における
進出先国としてのベトナム ……………………… 119
―進出実態からみたタイ+ワンの可能性―

1. はじめに：ベトナム経済の概況と本章の目的　*120*

2　日系企業のベトナム進出　*122*
3　日本企業にとっての進出先国としてのベトナムの特長　*130*
4　結びに代えて：タイ＋ワンとしてのベトナムを考える　*137*

第7章　「タイ＋ワン」としてのベトナム……………… *143*

1　はじめに　*144*
2　タイ＋ワンとしてのベトナムの実態　*145*
3　「タイ＋ワン」としてのベトナムとの向き合い方　*154*
4　おわりに　*166*

索　引　*169*

第1章 セミグローバリゼーション時代のリージョナル戦略としてのタイ+ワンの可能性

1 はじめに

　アジアの時代といわれる21世紀の日本企業のアジア展開を語るには，地理的にメコン地域の中心，つまり，アジアの交差点に位置し，経済的には，日系企業の「擦り合わせ型」モノづくりの結節点として，東南アジア随一の厚みを有する産業集積が形成されているタイとメコン諸国とのかかわりをおさえておく必要がある。近年のメコン地域内の物理的（ハードインフラ）・制度的（ソフトインフラ）な連結性の高まりは，同地域内のサプライチェーンの機動力向上に寄与し，タイ＋ワン戦略のポテンシャルを高める要因となっている。こうしたポテンシャルを最大限に引き出し，企業レベルでAECの恩恵を活用していくには，グローバル市場の取り込みに向けたメコン大での戦略的な経済連携を推進していきながらも，先発ASEAN諸国と後発国の互恵的かつ包括的な成長を担保していくという極めてローカルな要請への対応が求められる。

　昨今，多くの関心を集めているASEANのなかでも，タイを中心とするメコン地域を経営学的に考察していくということは，企業レベルでは，タイを基点としたインドシナ半島である「陸」のASEANにおける事業を集約，裁定（分散），適応という3つの経済性のバランスを取ることで（Ghemawat 2007），戦略的にリージョナル・レベルの事業を構想していくという実践的な試みである。政策的な観点からは，技術移転や資本の移動を通じて他国の経済発展に貢献することによって共存関係を築き，メコン大でのさらに大きな発展への基礎づくりを行うというスタンスが求められる。利己的な営利追求ではなく，真にメコン地域の一体化した経済発展を牽引するような企業行動をとっていくことが，二重三重の意味で日本へも大きな果実をもたらすことに繋がる。先ず全体のパイ（メコン地域全体での総利得）を最大化することに焦点を合わせ，果実の配分に関しては全てのプレイヤーがフェアに扱われ

第1章　セミグローバリゼーション時代のリージョナル戦略としてのタイ＋ワンの可能性　　3

るかたちで，包括的・互恵的な関係を維持していくことを志向することが，結果として，すべてのプライヤーの安定的かつ持続的な発展に寄与する。本章では，先ずは，こうした理念の重要性を理解した上で，技術的な課題に議論を転じることで，日本企業のメコン大でのリージョナル戦略を考察する際の経営課題について分析を進めていく。なかでも，タイ＋ワン戦略を論ずる際に必ずと言ってよいほど取り上げられる，経済の発展段階の格差を活用したメコン域内での労働賃金格差を利用した生産プロセスのフラグメンテーションを考察する際の留意点を中心にみていくことにしたい。

2　メコン地域での戦略的互恵関係の構築

　アジア経済は今後も高成長を遂げ，21世紀前半を通じて世界経済のけん引役となっていくといわれている。その代表的な見解が，アジア開発銀行（ADB）の『アジア2050：アジアの世紀を実現するために（Asia 2050: Realizing Asian Century』という報告書における（ADB 2011），「アジアの世紀（Asian Century）」といわれるものである。同報告書では，楽観シナリオと悲観シナリオの二つのシナリオに基づいてアジアの経済成長を予見している。まず，「アジアの世紀」とされる楽観シナリオでは，アジア経済が引き続き高成長を続け，2050年にはアジアのGDPは174兆米ドルに達し（2010年は17兆ドル），世界のGDP総額の52％を占めると予測する。このなかで，経済発展を牽引するカギを握る国として，中国，インド，インドネシア，日本，韓国，タイ，マレーシアの7ヶ国を挙げている。これら国々のGDPの2010年度の合計は，15兆1,000億ドル（アジアの87％）であり，人口合計では31億人となり，実にアジア全体の78％を占める。アジア開発銀行の報告書の「アジアの世紀」（楽観シナリオ）が実現した場合は，2010年から2050年の間のアジア全体のGDP成長に対し91％，世界のGDP成長に対しても約55％が，これら7カ国の寄与分ということになり，まさに世界経済

成長の原動力となる。

　一方で，同レポートは，アジアの未来を確かなものにしていくために検討すべき潜在リスクと克服すべき課題を指摘している。なかでも重要なものは，地域間の格差の拡大と経済，社会，政治的な不安定要因に起因する『中所得国の罠（Middle Income Trap）』への対応である。アジア諸国がこうした構造的な課題に対応できない場合（悲観シナリオ），2050年のアジアのGDPは「アジアの世紀」シナリオの半分以下の65兆ドルにとどまり，世界のGDPの31％へと収縮すると予測される。一般には，低所得国から，中所得国への移行を果たし，次なる経済発展ステージの移行期においては，資本集約型産業，知識集約型産業の創出に加えて，サービス部門の成長がみられ，内需が経済成長のエンジンの一翼を担うようになると考えられている。しかし，イノベーション，法規制，所得格差の是正などに遅れをとることで，このシフトが円滑に進まない場合，その国は，技術力で先進国と競争することができず，もう一方で，発展段階のより低い国に対するコスト優位性をも失うという状況に陥る。これが中所得国の罠と呼ばれる概念である[1]。もともとは，ブラジルや南アフリカなど天然資源の豊富な国々が，資源開発を原動力として，中所得国へと移行を果たしたが，そこで足踏みをすることで，先進国の仲間入りに成功できない状況を指すものであったといわれる（ADB 2011, pp.33-34）[2]。近年では，成長率が徐々に鈍化してきた高位中所

---

(1) 　このように，中所得国の罠という概念的な定義づけに関しては一定の合意がなされているが，操作的定義（Operational Definition）は明確にはなってないという点に留意しなければならない。これは，絶対的概念（Absolute Concept）と相対的概念（Relative Concept）が混在していることに起因していると考えられる（Jitsuchon 2012）。
(2) 　持続的な経済成長には，「物的投入量の増大」と「生産効率の向上」の双方が求められるがKrugman（1994）は，Young（1994）の成長会計に基づく実証分析を参照したうえで，東アジアの成長は前者によってもたらされたものであり，日本を例外とすれば，生産効率の改善の形跡がほぼない（先進国と比べると生産効率の上昇率が低い）

得国のマレーシアや中国に加えて，世界銀行の定義上2011年に高位中所得国への仲間入りを果たしたタイが，この「罠」を回避できるかどうかに関心が集まっている。

　類似の概念として，世界経済会議における国の競争力に関するフレームワークを挙げることができる[3]。タイは，海外直接投資を戦略的に受け入れることで，要素駆動型経済から効率駆動型経済へと移行を果たした。しかし，ここからイノベーション駆動型経済へと構造転換を図る過程では，従来の延長線上で，労働集約的な優位性を活かしながらの経済成長を持続していく余地は限られており，高付加価値型産業の創造という新たな次元での経済成長を模索するとともに，所得格差の是正，高度人材育成，高齢化社会や労働力不足，そして汚職問題や政治の安定性など社会構造上の課題への対応が不可避となる[4]。

　タイ政府は，中所得国の罠から抜け出す処方箋として，医療，航空，自動車製品開発，環境等の高い技術を持つ外資誘致戦略に舵を切りはじめているが，産業構造の転換には，従来の労働集約的な生産工程など，これまでタイが担っていた役割の一部を，カンボジア，ラオス，ミャンマー，ベトナムなどの近隣国（CLMV）に移管していかなくてはならない。加えて，裾野産業育成のノウハウなどのソフトスキルを近隣諸国へ伝播していくことで，

　　ことを指摘し，この状況が継続すれば，アジアの経済成長は「まぼろしのアジア経済成長（The Myth of Asia's Miracle）」に終わるであろうと警笛を鳴らす。ここで，成長会計とは，GDP成長率を生産要素である労働，資本，技術の貢献に分解し，技術進歩は全要素生産性の上昇のうち，生産要素投入の増加では説明できない残差として定義されている。
(3)　WEFの競争力指標の問題点は，Phiromswad et al.（2011 pp.14-15）を参照のこと。
(4)　たとえば，タイの経済発展段階を阻害する要因を論じたものとして，Jitsuchon（2012）やPhiromswad et al.（2011）を参照のこと。

CLMVの経済発展に貢献していく必要がある。最低賃金制度の導入などにより，バンコク首都圏と地方の間の所得格差を利用したタイ国内での裁定効果によるコスト削減の実効性は極めて限定的なものとなりつつある。製造業を中心とする企業の戦略としては，タイ＋ワンという枠組みで現実的なまとまりを築くことで（集約戦略），国ごと労働賃金の差異を活用する「裁定」戦略を採用しながらも，規模の経済性や多様性コストの低減のための範囲の経済性を活用が重要となる。

こうしたなか，南北経済回廊に加えて，近年の南部経済回廊と東西経済回廊という陸上輸送インフラの整備により，特に，メコン地域内からインド洋に抜ける物流インフラは大幅に改善されている。越境道路インフラ整備によるメコン地域の物理的な連結性の高まりによる広域経済圏の一体化の進展は，国単位での「点」や国と国という二国間の「線」としではなく，メコン地域という「面」で事業空間を捉えることの重要性が増していることを意味する。加えて，メコン大での協力関係の構築は，インドや中国という世界の二大市場とのかかわりにおいても大きな意味を持つ。

図表1は，国際協力銀行（Japan Bank for International Cooperation）が日本輸出入銀行時より継続して行っている，日本の製造業企業の海外事業展開の現況や課題，そして今後の展望を把握することを目的とした海外事業展開調査のアンケート調査の一部である（アンケートの開始年度は1989年）。今後3年間で有望な投資先として挙げられている上位五カ国をみてみると，インドネシア，タイ，ベトナムといったASEAN諸国に加えて，中国とインドという地理的に近接した国々が事業の射程内にあることが理解できる（網掛けを施してある）。

さらに，経済産業省「企業活動基本調査」（2012年度）によると，2011年度末時点に海外に子会社または関連会社を有する海外子会社を保有する企

図表1　今後3年間に有望な投資先として考えられる国

	2004	2005	2006	2007	2008	2009	2010	2011	2012	2013
1	中国	中国	中国	中国	中国	中国	中国	中国	中国	インドネシア
2	タイ	インド	インド	インド	インド	インド	インド	インド	インド	インド
3	インド	タイ	ベトナム	ベトナム	ベトナム	ベトナム	ベトナム	タイ	インドネシア	タイ
4	ベトナム	ベトナム	タイ	タイ	ロシア	タイ	タイ	ベトナム	タイ	中国
5	米国	米国	米国	ロシア	タイ	ロシア	ブラジル	ブラジル	ベトナム	ベトナム

出所：JBIC海外事業展開調査（2004-2013）をもとに作成。

業のうち，大企業の53％，中小企業法に定義される中小企業に関しては79％がアジアに拠点を有している。海外進出の製造業に関しては，実に73.6％の企業がアジアへ進出している（経済産業省「第41回海外事業活動基本調査」）。なかでも，中国に加えて，タイやベトナムには，日本企業の産業集積があり，域内産業再配置を進める上でのサプライチェーン形成上の重要拠点である。

　また，海外事業拠点を有する大手日本企業130社の地域別の2011年度3月期の営業利益の内訳（図表2を参照）をみてみると，実に37％がアジア・パシフィック地域から創出されたものであり，日本国内の22％を大きく上回る利益をアジア地域から獲得していることが分かる。経常利益率を比較してみても，日本国内の大手製造業の企業平均が4％に満たない中で，ASEAN10カ国の平均は7％を超える水準となっている。つまり，もはや，日本とアジアという従来の論法ではなく，アジアのなかの日本という現実を受け入れたうえで（大泉 2011a），利益創出拠点としてのアジアの胎動を感じなければならない。

　このように考えると，メコン地域の中心に位置しながら，今後は，高齢化に伴う労働者人口の減少といった課題に直面していくことになるタイと，タイ国内に一大産業集積を構築した日本にとって，サプライチェーンの多くを

図表2　日系企業の営業利益：地域別獲得シェア（2011年3月期）
100%＝33,600億円

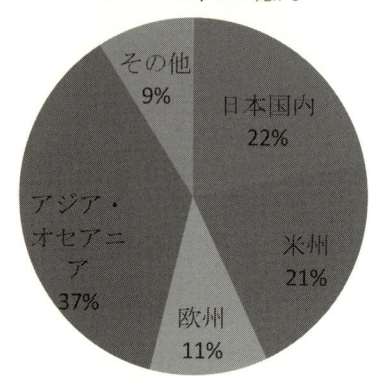

- その他　9%
- 日本国内　22%
- 米州　21%
- 欧州　11%
- アジア・オセアニア　37%

出所：日経新聞2012年6月12日分をもとに作成

共有する両国が互いに連携しながらこの地域の発展に寄与していくということは必然的な帰結といえる。また，相互補完的な域内分業体制の構築は，各国の産業クラスター間の結びつきを高めることになるが，その際に，付加価値創出活動を国ごとに識別し，それぞれの最適化を図るという域内分業体制が重要となる。すなわち，グローバルレベルで市場を狙いながらも，リージョナル単位では生産活動を分散しつつも，類似の活動を集約をしていくという意味で，サプライチェーンのリージョナル化の動きを注視していかなくてはならない。

3　セミ・グローバリゼーションを前提としたタイ＋ワン戦略：AAA戦略の実践の場としてのメコン地域

30年以上も前，マーケティング学者のレビットは，技術革新の進展が，世界の消費者の嗜好の多様性を収束させ，結果として，世界市場が同質化に向かうと指摘した（Levit 1983）。その後，経営コンサルタントの大前は，

グローバル化という現象が，ボーダレスな経済社会（ボーダレスワールド）の出現をもたらすと予見した（Ohmae1990）。より近年では，経済学者のミルトン・フリードマンが，テクノロジーの急速な発展による世界のネットワーク化と，各国の開放政策によって世界のフラット化が加速すると論じた（Friedman 2005）。こうした市場の同質化（Levit 1983），ボーダレス社会の出現（Ohmae 1990），世界のフラット化の進展（Friedman 2005）という予見に対する企業レベルでの対応策の1つが，統一規格の製品を，世界標準化された経営システムを構築することで，グローバル規模での経営効率の向上を図るグローバル戦略である。ここでは，国や地域ごとの違いは，近い将来のうちに解消されるものとして捉えられ，文化的，制度的，地理的な制約や国境を意識することなく，同質化する市場に対して規模の経済性を活かした「グローバル」な経営システムの構築が志向される。

こうした議論に対して，Ghemawat（2007）は，「セミ・グローバル」という概念を提唱し，企業の国際展開という観点から，経営者は，戦略策定や評価の際に課題となる国ごとの「差異」を正面から受け入れるべきであるという立場を示した。つまり，均質化や同質化に着目することで，世界規模での効率性を追求していくというグローバル戦略ではなく，むしろ国や地域ごとの多様性や不均一性といった「差異」への対応を議論の中心に据えるために，「セミ・グローバリゼーション」という概念を提示したのである[5]。従来のグローバル化に関する議論との大きな違いは，国や地域ごとの文化的・制度的・地理的・経済的な多様性や不均一性を前提としたうえで，むしろ，

---

[5] Ghemawat（2007）の議論では，Ohmae（1985）の議論が参照とされている。しかし，ここで留意すべき点は，ゲマワットの議論は，「いずれ国ごとの差異は無くなる」という前提のもとに，理論構築を図るのではなく，戦略の策定や評価にあたって国ごとにいまだ根強く残る差異を正面から受け止め，「差異を起点」として分析をすべきであることを指摘しているということである（同書訳書17頁）。この点が，大前の議論と大きく異なる点である。

その差異を積極的に活用する戦略的思考の重要性を説く点にある。特に，こうした国ごとに根強く残る差異を分析するために，文化的な差異（cultural），行政・制度の差異（administrative），地理的な差異（geographical），経済的な差異（economical）という4つの差異を体系的に分析するためのCAGEフレームワークを提示した。このフレームワークの特筆すべき点は，たこつぼ的に従来は別々に議論されてきた各要素の体系的な分析を試みたという点である。

世界規模の効率性と国家レベルの適応性の中間として位置づけられ，超国家リージョン（浅川2003）とも形容できる，メコン地域での日本企業のタイ＋ワン戦略を展望するにあたり，グローバルとローカルの間であるセミ・グローバルな在り方を前提としながら（差異を所与とした），文化的・制度的・地理的・経済的な違いや多様性を尊重した上で[6]，「裁定（Arbitrage)」，「集約（Aggregation)」，「適応（Adaptation)」という3つの経済性のバランスを図るというGhemawat（2007）のアプローチは実践的な示唆を提供してくれる。そこで，以下では，タイ＋CLMVという考え方を，ごく簡単にではあるが，CAGEフレームワークに当てはめて考えてみることにしたい。

まずは，文化的な差異である。食習慣や生活習慣の違いに影響を及ぼす宗教をみてみると，ASEAN10カ国の間では，キリスト教，イスラム教，仏教と異なる信仰を有している。しかし，タイ＋CLMVを1つの単位として括る

---

[6] 前述のように，同様な指摘は，大前のトライアドパワーという概念によって展開されているが，より近年では，Rugman（2000）がリージョナル単位の活動が企業にとって重要であることを説き，Think Local Act Regional and Forget Globalという捉え方がより現実的であることを指摘している。また，Porter（1986）やBartlett & Ghosal（1989）といった論者も，グローバル戦略は，数ある戦略オプションのうちの一つであることを認識すべきことの重要性を指摘している。

と，大部分が仏教徒となるし，食習慣もタイの地方地域と共通する部分が多い。また，日常生活の面でも，国境を接するメコン地域の国々は，従来より河を隔てて往来が盛んであり，ラオス，ミャンマーやカンボジアなどの国境沿いの住民はタイのテレビを楽しんでいることが多い。このように，アセアン10カ国の場合と比較して，タイ＋CLMVという単位では，文化的な差異を大幅に解消することができる。また，ここでは十分に考察をすることができていないが，経済発展とともに拡大していく市場を捉えていくには，文化的な裁定など，相手市場側の差異ではなく，本国側の差異を積極活用するという経済的な裁定以外の戦略を構想していくことの重要性が一段と高まってくる。

　制度的な差異に関しては，ASEAN経済共同体（AEC）への取り組みにより，ASEAN加盟国の間の差異は，他地域との比較では，縮小しつつある。しかし，タイ＋ワン戦略を考えていくにあたり，陸続きであり，各種経済回廊が縦横に張り巡らされているタイ国とCLM諸国では，国境沿いのSEZ（経済特区）開発にかかわる取り組みにみられるように，経済発展に向けた制度面での相互補完的な連携の余地は大きい。特に，域内の生産分業体制に大きなインパクトを与える通関業務や越境プロセスの標準化に加えて，ダウェイ深海港総合開発などインフラ整備よる陸送・海運インフラの更なる向上による便益は，広く域内に及ぶものと考えられ，こうした物理的なインフラ整備の生産性を左右する制度面でのソフトインフラの標準化と統一規格の整備などに関するリージョナル単位での更なる協力関係が求められる。

　また，地理的な距離を国際経済活動を説明する変数の1つとして用いている国際経済学の重力モデルでは，二国間の貿易はそれぞれの経済規模に比例し，二国間の距離に反比例すると予測するが，ASEAN10カ国はタイから全ての国に日帰り出張が可能であるほどに近接している。さらに，タイと

CLMVは陸続きであり，近年の物理的なコネクティビティーの向上により，実質的な地理的近接性は一段と改善される。たとえば，アジア・ハイウェイの一部として，ホーチミン（ベトナム）-プノンペン-バンコク（タイ）を結ぶ南部経済回廊の一部を構成しているカンボジアの国道一号線であるが，現在のメコン渡河手段はフェリーであったため，繁忙期には最大7時間程の待ち時間が発生していた。日本がアジア開発銀行と協調して，このボトルネックを解消するために整備するネアックルン橋梁建設（2015年に完成）により，ホーチミン-プノンペン間の所要時間は半分以下に短縮される見込みである。さらに，日本のODAを通じてホーチミン市から南へ75km地点に造成されたカイメップチーバイ深水国際港湾は基幹航路が寄港しやすく，荷主企業は陸送と水運という選択肢を持つことができる。さらに，南部経済回廊と港湾の整備を通じた物流・交通などの円滑化と各地域の工業団地や国境沿いの経済特区の整備や情報の集積による先端人口資源の開発は，地理的な隔たりにかかわる経営コストを抑制し，バンコク・プノンペン・ホーチミンという経済圏を面で捉えることの実践的な意義を高める。このように，「陸」のASEANでは，縦横に張り巡らされている経済回廊や各国を結ぶ友好橋などを活かして，タイ国内の幹線道路や港湾などを最大限に活用しながら，国境ビジネスを展開することで，タイ＋CLMVという面でのリージョナル戦略の有効性を高めていくことが可能となる。

　最後に，経済的な差異について考えていくと，シンガポールとミャンマーの一人当たりGDPの差は60倍にもなる。しかし，陸のアセアンという括りで捉えると，図表3に示されているように，タイ＋CLMVの間では，タイ（5674ドル）とミャンマー（869ドル）の差は6.5倍となる。
　この一人当たりGDPの差異を活かした戦略を企業単位で捉える動きが，労働集約的な生産ブロックをカンボジア，ラオス，ミャンマーなど後発アセアン諸国へと分散させながら付加価値活動の細分化と域内分担の最適化を図

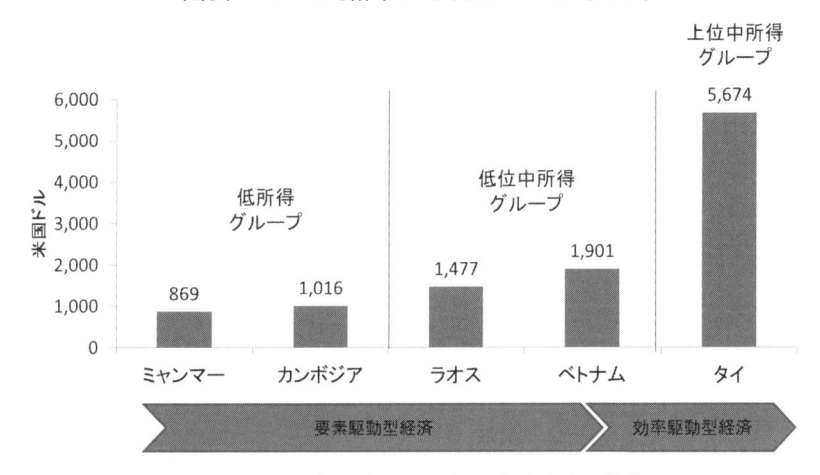

図表3　メコン諸国の一人あたりGDP（2013）

国	一人あたりGDP（米国ドル）	グループ
ミャンマー	869	低所得グループ
カンボジア	1,016	低所得グループ
ラオス	1,477	低位中所得グループ
ベトナム	1,901	低位中所得グループ
タイ	5,674	上位中所得グループ

ミャンマー・カンボジア・ラオス・ベトナム：要素駆動型経済
タイ：効率駆動型経済

出所：World Economic Forum（2012），IMF（2013）をもとに作成

る，フラグメンテーションである（Jones & Kierzkowski 2005）。メコン地域のモノづくりの結節点にあるタイとCLMVは，経済の発展段階としては依然として格差があり，AECにおいても，ASEAN域内格差の是正が大きな目的の一つとして掲げられている。しかし，企業経営という観点でとらえた場合，域内の経済格差を利用した裁定戦略に加えて，インフラ整備の違いや規模の経済性を活用した集約戦略をリージョン単位で活用することでコスト競争力を高めることができる。こうした企業レベルでの活動は，各国の構造的課題の解消へと貢献することができる。特にタイと国境を接するカンボジアやラオス，ミャンマーといった国々は，高度な技術を必要としない労働集約的産業を育成していくことで，労働力を農業から製造業に移していく必要があり，タイ国で操業している企業の労働集約型の生産ブロックがこれら近隣諸国へ分散化（フラグメンテーション）していくことで，産業構造の転換を加速することができる。一方で，高度な技術を必要とし，かつ規模の経済が追求できるものは，タイにて集約化していきながら，産業の高付加価値

化を進めていくことが可能となる。

　こうした動きは，既に大手日系製造業を中心に広がりつつある。株式会社ニコンでは，これまでタイ・アユタヤ工場でデジタル一眼レフカメラ普及機の生産を行っていたが，2011年のタイ洪水被害による生産停止を受け，サプライチェーンの強化とコスト低減のため，現在アユタヤ工場の一部工程をラオスの新工場に移管している（詳細は，第4章を参照のこと）。部品等はすべて東西経済回廊で陸送し，ラオス工場で製造工程の一部を分担することで労働賃金の格差を活用した後，ブランド管理という観点からメイド・イン・タイランドを担保するために，タイ工場に陸送されて最終製品化する。トヨタ紡織株式会社は，タイ東部のチョンブリ県アマタナコン工業団地よりシート素材を9時間かけ陸送し，ラオスにある自動車用カバー生産工場で裁断，縫製工程を行い，タイ東部チャチェンサオ県ゲートウェイ工場に陸送し製品化している。特に，電子機器や自動車産業は複層的な国際分業体制で成立していることから，今後はさらに関連企業に同様の動きをみることができると考えられる（林2013）。企業レベルでは，不均一性と多様性を特徴とするアセアンの文化的，制度的，地理的な差異を最小化しながらも，適度な経済的な差異を活用しながら生産活動の分散化を進めていくという「裁定」戦略と，原材料の購入や物流の仕組みなどを一元化する「集約」戦略を同時追求していく可能性を検討していかなくてはならない。

　特にタイを中心とするメコン地域では，日本企業を中心として多くの海外企業が進出することで，企業主導のサプライチェーンが形成されてきた。こうした歴史的発展経路は，タイにおける自動車販売台数が増加すれば，カンボジアやベトナムの下請けサプライヤーの売り上げにも波及するというように，産業集積間のリンケージの正の相関関係を実現した（松島2012）。協調型の互恵的発展を志向する肥沃な土壌と，各種経済回廊の整備と制度的連結

性の高まりは，域内衛星拠点のネットワーク化（タイ＋ワン）による果実の実りを豊かなものとする。経営戦略論が説明するように，企業（国）の競争優位や競争行動の分析を通じて，各プレイヤーの利得配分を説明する競争戦略に対して，協調戦略ではこの優先順位が逆となり，分析の主眼は結果から先に考えることになる。つまり，協調的な状況では業界全体がどこを目指すかについてプレイヤー間で合意が成立しているため，どのようにそこに到達するか，どのプレイヤーが何をするのかは，比較的簡単に決まるという仮定に基づき（Greenwald & Kahn 2005），各プレイヤーの戦術的・戦略的な役割分担が検討される。ここでは，共通の利益，共通の理念，共通の目的に関する共同体意識（shared understandings）を醸成したうえで，そこに所属しているという帰属意識を育むことが肝要となる。協調戦略では，こうしたプラットフォーム上の生き生きとした結合的な行為（arrays of associated actions）が具体的な実質をもたらすと考えるのである。このように，「チャイナ＋ワン」と「タイ＋ワン」では，用語は似ているが，その戦略的含意が異なるということに留意しなければならない。チャイナ＋ワンは，カントリーリスクに対するリスクヘッジとして，製造拠点の移転を伴う代替生産を志向するゼロ・サム型の競争志向の強いプラスワンであるのに対して，タイプラスワンは，洪水などに対するリスクヘッジの意味合いはあるものの，基本的には，タイに現存する製造拠点を補完する形でサプライネットワークを構築する協調志向かつ双方向のプロセスを通じたプラス・サム型のプラスワンである[7]。前者が「どちらか（either or）」型の点と線を基調とする競争モデル（competitive model）であるのに対して，後者は「皆で共に（together with）」型でメコン地域というリージョン（面）で事業空間を理解していく，協調型発展モデル（cooperative model），価値共創モデル（Co-creation of

---

(7) チェーンは，想定外の出来事で一か所が寸断されてしまうと，すべてがストップしてしまうが，ネットワークであれば，こうした不測の事態に柔軟に対処することができるという意味で，ネットワークという用語を用いている。

value model）といえる。

　しかし，AECはタイ，シンガポール，マレーシアなどアセアンのなかでもGDP上位国にはメリットが多いとされ，これら先進アセアン諸国では，概ね好意的に捉えられているが，他方では，カンボジア，ラオス，ミャンマーなどの後発加盟国では，必ずしも一様に歓迎ムードではないことに留意しなければならない。AECには法的な拘束力がない分，各国の経済・社会に対する便益を包括的に考え，戦略的な互恵的関係を構築することができなければ，AECが目指す各種経済制度の統合効果や協調戦略の実効性は限定的なものとなるであろう。

　さらに，既にタイにおけるモノづくりは，ミャンマー，ラオス，カンボジアなどの近隣諸国からの労働者の受け入れなく成立しないといわれる。事実，2015年時点で，タイにいる外国人労働者は，不法就労者を含めて，300〜500万人いると推測され，2025年には600万人近くの労働者を近隣諸国から受け入れなければならない（NSO 2014, 大泉 2011b・2013）。特に，タイにとってのCLMVの重要性を示す例として，2000年を基点としたメコン地域のGDPの成長を示した図をみてみると，タイ及びCLMVのGDPはここ10年で大幅に上昇しているが，成長額に占めるCLMVの寄与率はすでに50％を超えている（図表4を参照）。このように，タイ国がCLMVと互恵関係を築くことなく，持続的かつ安定的な経済成長を遂げていくのは困難であり，包括的な経済発展という絶対価値を追求することなく，持続的な競争力を得ることはできない。

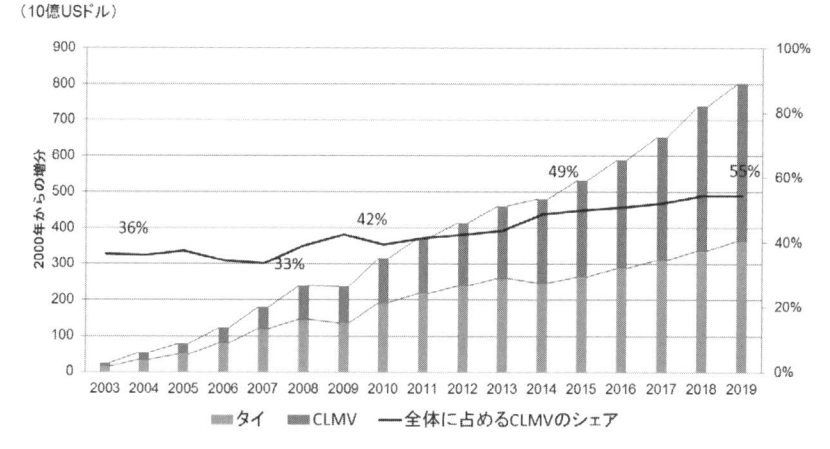

図表4　2000年からのGDP増分

(10億USドル)

出所：IMF（2013）をもとに作成

4 裁定戦略としてのフラグメンテーションの経済性評価：製造原価の内訳の把握とサービスリンクコストの測定

4.1 直接労務費が製造原価に占める割合

　タイを基点として生産活動の分散化と集約化そして，バリューチェーンの断片化を進めていく日本企業にとって重大な関心ごとの一つが，近隣諸国への生産基地の移管や生産工程のフラグメンテーション活動による経済効果の測定である。特に重要な経済的な指標の一つとなるのが，価値連鎖の構成要素間あるいは生産ブロック間の国ごとのコストの差額であり，なかでも，近隣諸国への生産工程の分散化の効果を議論する際に取り上げられることが多いのが賃金格差である[8]。しかし，ここで留意すべきは，フラグメンテー

---

(8)　本書で，植木氏が指摘するように，プラスワン戦略（プラスワン型の国際分業体制）には，製品差別化による補完関係と生産工程間での補完関係があるが，労務費の削減効果に関する議論は，双方のケースで当てはまるものと考えられる。

ションによる経済的効果の測定は，直接労務費が製造コストに占める割合（オートメーション化の程度など）を考慮したうえで行われるべきであるという点である（加登・山本 1996）。たとえば，タイ＋ワンとしてラオスに進出した企業（日系自動車部品，日系家電製造業）の製造コストの削減率は，賃金格差が1/3であるのに対して，当初に期待していたほどの削減効果を得ることができなかったという現場の声を聞くことがある。

その理由は，製造原価の構成をみていくことで理解することができる。製造原価は，直接材料費，直接労務費，製造間接費で構成されている。日系企業が海外展開をする際の指標として注目をされることが多い労働者の賃金の差額が製造原価に与える影響を適切に把握するには，この製造原価の構成比率に着目しなければらなない。たとえば，タイと国境を接するカンボジア，ラオス，ミャンマーの製造業の作業員の賃金の差は，1/3から1/5程であるが，海外の労務費が本国の1/5であり，製造原価に占める直接労務費の割合が5割である場合を考えてみると，製造原価低下率は40％となる。一方で，製造原価に占める直接労務費の割合が1割であれば，その効果は8％に過ぎないということになる。つまり，単純に労務費が高い低いということに加えて，国外へ分散立地させる生産活動が労働集約的な生産活動であるのか資本集約的であるのかということを十全に検討したうえで，意思決定をしなければならないことが理解できるであろう。特に，労務費が製造原価に与える影響（コスト削減効果）は，資本集約的な産業の場合は，きわめて限定的なものとなる[9]。加えて，過去の歴史が証明しているように，最低賃金の政策的な引き上げを含め（近年のタイやインドネシアの例），新興国の人件費は常に上昇するということを忘れてはならない。前述したリージョナル単位での

---

(9) 直接労務費や間接労務費が製造原価に占める割合は，T型フォードの時代（1920年代）で45～50％程度であり，工場のFA化（自動化）が進んだ産業においては10％に過ぎず，日本の自動車産業では10％以下になっている（加登・山本 1996）。

広い空間軸に加えて，近隣諸国の経済発展状況などを含めた相互作用のなかで，適切に戦略プロセスを位置づけていくための時間軸を加えた戦略空間を捉えていくための視角が求められるが，その際，「＋ワン」戦略の前提となっている条件および域内分業体制の進展プロセスとパターンの在り方は，タイとCLMV各国の経済発展の状況や経営資源の蓄積の程度に応じて，ダイナミックに変化を遂げていくことに留意が必要である。

4.2　サービスリンク・コストの把握

　これまでも，立地が分散しているために必要となるコストを把握する重要性は国際的な活動の配置（Porter 1986）や資源の配置（Ghoshal & Bartlett 1990）にかかわるものとして議論されてきた。たとえば，生産ブロックを移転していく際の経済的な効果を測定するには，中間財などの物流費や通関にかかる時間や情報移転の頻度といった総コストの把握が重要となる（若杉2003）。分散立地した生産ブロック間を結ぶのがサービスリンクと呼ばれる活動であり，その活動費用がサービスリンク・コストである（木村2009）。企業は，戦略の目的や立地の条件に応じて，生産ブロックを断片化し，バリューチェーンを再編成していくことになるが（木村2009），その際に，サービスリンク・コストを含めた総費用を検討したうえで，生産ブロックの分散化（経済的裁定戦略）や活動の集約化（規模の経済性の追求）に関する意思決定の評価を下していかなくてはならない。域内の物質的・制度的な連結性の高まりによる便益を企業レベルで享受可能にしていくには，このサービスリンクコストを低減させていく超国家での取り組みが決定的に重要となる（Sasin Japan Center 2014）。また，第3章で田口氏が取り上げる，「国境ボーナス」という概念は，国境ビジネスを展開することで，国ごとの労働賃金の差に加えて，タイ国内の優れたインフラを最大限に活用しながらも，サービスリンクコストを軽減していくという試みである。このように，タイ国を基点として，CLM国での労働賃金の差異を活用する裁定戦略は，良質

なインフラを利用しながら規模の経済性を活かした物流コスト・原材料の調達コストの削減を狙う集約戦略によって補完されることで強化される。すなわち，タイプラスワン戦略を単に低廉な労働力を求めた裁定戦略として狭義に捉えるのではなく，尺取虫型の発展（本書第2章）やブーメラン垂直型フラグメンテーション（本書第4章）と例えられるように，タイ（あるいはベトナム）を基点とする生産拠点の分散と集約という両面から捉えた上で，国境ボーナス（本書第3章）を活用したより高度かつ複雑な戦略実践として捉え直さなければならない。

5 おわりに

　これまでの議論を総合すると，タイ＋ワン戦略は，生産ブロックを周辺国へ分散立地させることによって，タイ国内での労働力不足や市場の拡大による生産キャパシティーの限界を補完していくと同時に，高付加価値で競争力を有している生産ブロックをタイ国内に残し（生産の分断化と特化），最終的にはサブアッセンブリ製品や経営機能を一か所に集約しながら規模の経済性を活かすことで，自国の製造拠点の補完・強化を図る動きである。そのことで，CLMVは，国内で完結するサプライチェーンを一から構築する必要はなくなり，域内（あるいはグローバル）でのサプライチェーン形成過程の一翼を担うことで，経済発展のための初期資源が欠けていたとしても，工業化を進展させながら雇用を創出し技術を吸収できる。このようにグローバル・バリューチェーンと呼ばれる生産活動の複数国への分散化の進展は情報技術に後押しされる形で，生産ブロックはさらに細かく分断化（Sliced）され，最終製品製造のためのバリューチェーンはもはや一国で担う活動ではなく，複数の国々がかかわることになる（Dean et al. 2007）。こうした，国際的な生産分業体制は，ファクトリーアジアの特徴とされ（Menon 2013），ボールドウィンは，第二のアンバンドリングの顕著な事例として，東アジア

での経済活動における中間財貿易を伴う生産活動の国際的な分散化（フラグメンテーション化）を挙げる（Baldwin 2011）。前述のように，この点が，チャイナリスクを回避する目的で生産拠点や差別化目的で製品のバリューチェーン全体を移管する意味合いが強いチャイナ＋ワンと，あくまでも生産拠点や生産工程の一部はタイに残したまま，労働集約的な生産ブロック（生産プロセスの一部）を周辺国へ分散しながら，既存の生産基盤を補完，強化していく動きであるタイ＋ワンの大きな相違点である。

　最後に，本章で取り上げた，企業活動の国際配置を，企業の競争優位という観点から捉えてみたい。企業の国際展開に関する競争優位には，企業特殊的な優位性と立地特殊的な優位性があるとされる（Kogut & Zander 1993）。従来の国際経営論における海外直接投資に関する議論の中心は，本国の企業特殊的な優位性をスムーズに海外子会社へ移転していくことで，競争優位を築いていくという点にあった（Caves 1971, Dunning 1979, Vernnon 1966）。しかし，企業特殊的な優位性は，立地特殊的な優位性と密着に結び付いていることが多く，本国を離れてしまうと，企業特殊的な優位性を十分に発揮することができないといわれる。特に，機能ごとの相互依存が高く，分離して設計を行うことが難しい自動車の製品開発能力などは，開発に必要となる技術，ノウハウが組織の構成員の暗黙的な知識と不可分である場合が多く，本社の近辺に立地する外部の資源（サプライヤーや大学など）との関係に能力が依存している。こうした場合は，これを海外移転する際に，大きなコストと困難を伴うことになる（椙山2001，藤本・椙山2000）。

　つまり，タイ＋ワン戦略を実践に移す際には，本章で取り上げた経済発展格差を活かした裁定戦略の有効性の程度を左右する製造原価の内訳の把握と物理的インフラや通関・投資認可手続きなどの円滑化というハード・ソフト両面のインフラの進捗具合を鑑みながらサービスリンク・コストを捉えていくことに加えて，企業特殊的な能力の立地の粘着性にかかわるコストを勘案

しなければならない。すなわち，経済発展格差を利用した「経済的コスト」の削減を通じた効率化や制度的な連関性の円滑化による「行政コスト」の削減に加えて，マネジメントにかかわる「経営コスト」を総合的に分析する必要がある。

　本章で述べてきたように，タイを基点とするメコン地域の経営環境の変化は，日本を主，タイを従とした縦の関係をベースにした本社主導の海外拠点の在り方を超えて，メコン域内の衛星拠点をリージョン（メコン地域）という戦略単位で捉えることを要請する[10]。こうした企業レベルでの戦略を実践していくには，メコン大での俯瞰的視点（鳥瞰）と企業レベルでの仰瞰的視点（虫瞰）との往復運動が不可避となる。最後に，日タイの戦略的互恵関係の構築を通じてメコン地域の包括的・互恵的・持続的な発展を目指すというビジョンは，結局は地域住民の幸福という絶対価値の追求なくして，実現することはできないということを忘れてはならない。地域住民の幸福から遊離する利己的な経済価値の追求を目指すならば，こうしたビジョンは空虚な抽象概念に過ぎないのである。

【参考文献】

Asian Development Bank (2011) *Asia 2050: Realizing the Asian.*
Baldwin, Richard (2011) 21st Century Regionalism: Filling the gap between 21st century trade and 20th century trade rules, *CEPR Policy Insight*, No.56, CEPR, London.

---

(10)　これまでも，グローバル統合度を高めながらも，ローカル適応を追求するという「二兎を追う」ことを可能にするものとして，「マルチフォーカル戦略（Prahalad & Doz 1987)」という戦略概念や，国際経営論の分野では，「ヘテラルキー（Hedlund 1986)」や「トランスナショナル（Bartlett & Ghosal 1989)」という多国籍企業の組織概念が提唱されてきた（Bartlett & Ghosal 1989, Doz, Bartlett & Prahalad 1981)。こうした組織観に共通するのは，海外子会社は，親会社に従属した組織としてではなく，分散しながらも相互に依存し，互いに学習を促進するというインターラクティブな関係が想定されているという点である（Ghosal & Westney 1993)。

Bartlett, C.A. and Ghosal, S. (1989) *Managing across Borders*, Harvard Business School Press.

Birkinshaw, J.M. and Hood, N. (1998) Multinational subsidiary evolution: Capability and chater change in foreign-owned subsidiary companies, *Academy of Management Review*, 23(4), pp.773-795.

Caves, R.E. (1971) International corporations. The Industrial Economics of Foreign Investment, *Economica*, pp.1-27.

Dean J, Fung K-C and Wang Z. (2007) Measuring the vertical specialization in Chinese trade, *US International Trade Commission Office of Economics Working Paper*. 2007-01-A.

Doz, Y., Bartlett, C. and Prahalad, C.K. (1981) Global Competitive Pressures vs. Host Country Demands: Managing Tensions in Multinational Corporations, *California Management Review*, 23(3), pp.63-74.

Dunning, J. (1979) Explaining changing patterns of international production, *Oxford Bulletin of Economics and Statistics*, 41(4), pp.269-95.

Friedman, Thomas L. (2005) *The World Is Flat: A Brief History of the Twenty-first Century*, Allen Lane.

Ghemawat, P. (2007) *Redefining Global Strategy: Crossing Borders in a World Where Differences Still Matter*, Harvard Business School Press.

Ghoshal, S. and Westney, D.E. (1993) *Organization Theory and the Multinational Corporation*, St. Martin's Press, New York, pp.1-23.

Greenwald, B. and Kahn, J. (2005) *Competition Demystified: A Radically Simplified Approach to Business Strategy*, New York, N.Y.: Portfolio.

Hedlund, G. (1986) The Hypermodern MNC: A Heterarchy?, *Human Resource Management* 25, pp.9-35.

IMF (2013) *World Economic Outlook*.

Jitsuchon, S. (2012) Thailand in a Middle-income Trap, *TDRI Quarterly Review*.

Jones, R.W. and Kierzkowski, H. (2005). International Fragmentation and the New Economic Geography, *The North American Journal of Economics and Finance*, 16(1), pp.1-10.

Jones, R.W. and Kierzkowski, H. (1990) The Role of Services in Production and International Trade: A Theoretical Framework, *The Political Economy of Inter-*

national Trade, in R.W. Jones and A.O. Krueger eds., Blackwell, Oxford.

Kogut, B. and Zander, U. (1993) Knowledge of the Firm and the Evolutionary Theory of the Multinational Corporation, *Journal of International Business Studies*, Vol.24(4).

Krugman, Paul (1994) The Myth of Asian's Miracles, *Foreign Affairs*, pp.62-78. (「まぼろしのアジア経済」『中央公論』1995年1号)。

Levitt, T. (1983) The globalization of markets, *Harvard Business Review*, 61(3), pp.92-102.

Menon, J. (2013) Supporting the Growth and Spread of International Production Networks in Asia: How Can Trade Policy Help?, *ADB Working Paper Series on Regional Economic Integration*, No.114, ADB, Manila.

Mintzberg, H. (1987) Crafting Strategy, *Harvard Business Review*, 65(4), pp.66-75.

National Statistics Office (NSO) (2014) The labor force survey in Thailand, 2014.

Ohmae, K. (1985) *Triad Power: The Coming Shape of Global Competition*, The Free Press.

Ohmae, K. (1990) *The Borderless World: Power and Strategy in the Interlinked Economy*, HarperCollins Publishers.

Phiromswad, P., Srivannaboon, S. and T. Fujioka (2011) A Framework for Identifying Psioritized Strengths and Weaknesses of Competitiveness: A Case Study of Thailand, *Sasin Journal of Management*, Vol.17(1), pp.36-52.

Porter, M.E (1986) *Competition in Global Industries*, Harvard Business School Press.

Praharad, C.K. and Doz, Y. (1987) *The Multinational Mission: Balancing Local Demand and Global Vision*, Free Press, New York.

Rugman, A.M. (2000) *The End of Globalization*, Random House and New York, London.

Sasin Japan Center (2014) Post-AEC Regional Industrial Strategy and the New Thailand-Japan Partnership for the Mekong Region, *JICA Report*.

Vernon, R (1966) International Investment and International Trade in the Product Cycle, *Quarterly Journal of Economics*, pp.190-207.

Young, A. (1994) Lessons from the East Asian NICs: A Contrarian View, *European Economic Review*, Vol.38(3), pp.964-973.

World Economic Forum (2012) *The Global Competitiveness Report: 2012-2013*.

浅川和宏（2003）『グローバル経営入門』日本経済新聞社
大泉啓一郎（2011a）『消費するアジア―新興市場の可能性と不安』中公新書
大泉啓一郎（2011b）「タイで深刻化する労働力不足」『日本総研アジアマンスリー』（7月号）
大泉啓一郎（2013）「変わるタイの労働市場とサプライチェーン」『日本総研アジアマンスリー』（2月号）
加登豊・山本浩二（1996）『原価計算の知識』日本経済新聞社
木村福成（2006）「東アジアにおけるフラグメンテーションのメカニズムとその政策的含意」平塚大祐編『東アジアの挑戦―経済統合・構造改革・制度構築』アジア経済研究所
木村福成（2009）「東アジア経済の新たな潮流と雁行形態論」池間誠編著『国際経済の進行図―雁行形態型経済発展の視点から』文眞堂
経済産業省（2012）『第41回海外事業活動基本調査（2011年度調査)』
椙山泰生（2001）「製品アーキテクチャと国際経営戦略―カー・オーディオ事業のケース」藤本隆宏・武石彰・青島矢一編著『ビジネス・アーキテクチャ：製品・組織・プロセスの戦略的設計』有斐閣
末廣昭（2009）『タイ中進国の模索』岩波新書
田口博之（2013）「国境開発―企業にとっての魅力と課題」『企業診断』（9月号）
野中郁次郎・嶋口充輝編（2007）『経営の美学―日本企業の新しい型と理を求めて』日本経済新聞出版社
藤岡資正・チャイポンポンパニッチ・関智宏編著（2012）『タイビジネスと日本企業』同友館
藤岡資正（2013）「中小企業のASEAN進出―連関性を活かした事業展開」『企業診断』（11月号）
藤本隆宏（2001）「アーキテクチャの産業論」藤本隆宏・武石彰・青島矢一編著『ビジネス・アーキテクチャ：製品・組織・プロセスの戦略的設計』有斐閣
藤本隆宏・椙山泰生（2000）「アジア・カーとグローバル戦略：グローバル・ローカル・トレードオフに対する動態的アプローチ」青木昌彦・寺西重郎編『転換期の東アジアと日本経済』東洋経済新報社
林克彦（2013）「ラオスにおける事業環境変化とロジスティックス」『物流問題研究』No.60
松島大輔（2012）『空洞化のウソ』講談社新書
松島大輔（2013）「日タイ「お互い」プロジェクトから始まる産業クラスター連携」

『企業診断』(10月号)
若杉隆平 (2003) 「フラグメンテーション」『経済セミナー』No.579

藤岡資正

第2章 タイ+ワン戦略
―日泰クラスターリンケージの可能性―

1 はじめに：タイ＋ワンはジャパン＋ワンの戦略的帰結である

1.1 タイ＋ワン戦略の本質と意義

　「タイ＋ワン現象」は極めて「今日的な」，「日本の」問題である。本稿読了後，読者，特に中小企業は，このテーマを単なる遠い国で興っている「教養」として捉えるのではなく，我が国産業が直面する喫緊の実践的かつ実戦的課題として理解するであろう。

　結論を先取りすれば，この「タイ＋ワン戦略」は，二重の意味で日本の中小企業を取り巻く産業構造の転換を意味する。1つはアジアへのクラスターリンケージ（「国際分業」，あるいは「内外一如経営」）として。いま1つは我が国産業構造の高度化，いわゆる「成長戦略」としての「ジャパン＋ワン戦略」として。実はその2つは新興アジアにおいて統合的に昇華する。

　ここ数年来，専門家を中心に，タイ＋ワン戦略が人口に膾炙している。このタイ＋ワンとは，タイ国内の単純労働者を中心とした労働力の払底，労働コスト上昇に伴って，タイの生産拠点をハブとして残しつつ，生産拠点の一部を近隣国にシフトすることによって，隣国であるミャンマーやカンボジア，ラオス，ベトナム等のより低い労働コストを享受する戦略の謂いである[1]。同時に中進国となったタイで，繊維製品などの特恵関税の恩典が卒業する一方，周辺の新興国で特恵関税が適用できる，特にミャンマーは欧米などの特恵関税に対し，これから「入学する」というは大きなメリットである。

　タイ＋ワンはかつて2000年代後半に頻繁に言及されたチャイナ＋ワンとは大きく異なる。チャイナ＋ワンにおいては，こうした産業構造の内生的な動きに対し，むしろ反日感情・暴動などに代表される政治的なリスク，ある

---

(1)　大泉啓一郎（2013）「成長市場を獲得するためのタイ＋ワン」『日経ビジネス』
　　 http://business.nikkeibp.co.jp/article/interview/20130814/252248/?rt=nocnt

いは広義のカントリーリスクに対するリスク分散が目的であり,外生的な動きが要因となる。

図表1　タイ+ワンとチャイナ+ワンの違い

	チャイナ+ワン	タイ+ワン
時期	2000年代初頭から2012年以降,第二次チャイナ+ワンという見方も	2008年リーマンショック以降2011年の東日本大震災とタイ大洪水が背景となり,2012年から始まるタイにおける最低賃金上昇がトリガー
+ワンの移転先	ASEAN(タイなどが候補)やインドなど	労働賃金が相対的に安いタイ周辺国(ベトナム,ラオス,カンボジア,ミャンマー)
移転工場の特徴	代替工場	衛星工場
傾向	受動的	能動的
目的	リスク分散(外生的)	生産工程ごとの拠点の最適化(内生的)
メリット	政治リスク回避	低賃金労働力,特恵関税の恩典等

出所：著者作成

　これに対し,タイ+ワンでは,在タイ日本企業のうち,労働集約産業を中心に,国境周辺の四方に衛星(サテライト)拠点を構築しつつある。ここでのポイントはあくまで産業集積の厚いバンコク・バンコク東部を中心に衛星拠点を構築している点である[2]。これはタイの周辺国の脆弱なインフラの整備状況を鑑み,「タイのインフラ」×「周辺国の低賃金労働力」という定式が成立している。この文脈において,タイ政府では国境貿易の拡大を見越して,国境経済特区の開発計画が上がっている。

　タイ+ワン戦略の文脈では,あくまでタイを中心としたリンケージが主題となる。タイのインフラと周辺国の低賃金労働。この組み合わせこそがタイ

---

(2) この状況を表現して,山田宗範JETROバンコク所長(当時)は,「尺取虫」型にタイから周辺国のタイとの国境側に進出を進めていると表現している。松島大輔 (2013a)

＋ワンの本質である。生産工程の一部が，タイから四方に展開する構図であり，全体を中国から外へ移管したチャイナ＋ワンとは似て非なる現象であるといえるだろう。

さらに，タイ＋ワン戦略を実現ならしめるもう1つの条件は，2015年に幕を開けるASEAN経済統合（AEC：ASEAN Economic Community）創設である。AECを前提に，タイとその隣国との通商・貿易の垣根は解消されていく。タイ及びタイに展開する企業群にとって，AECが実現し，この隣国が裏庭として自由に活用することを可能にするというわけである[3]。

より積極的な戦略として捉えられるタイ＋ワン戦略であるが，実際，このタイ＋ワンは，タイ政府の高度に政治的な政策誘導の結果でもある。おおよそ一国の産業構造を高度化する方法において，最低賃金の引上げが最も効果的である[4]。そしてタイでは最低賃金を政策的に上げることにより，産業構造調整を図るという戦略が採用されることになった。2011年から12年当時，最低賃金の引き上げが検討されたが，その際他国との比較優位の喪失を解消するという明確な意図があった。

タイは，インドやベトナムなど後発新興国が追い上げてきており，2015年現在でも1％前後の低い失業率で労働力不足に陥っている。もはや低賃金労働だけでは勝負にならない，「中所得国の罠」に陥っている。そこで，タイは今後の成長戦略として産業高度化を打ち出しているのだ。このため2015年のAECに合わせ，タイ＋ワンを通じ，労働集約セグメントを隣国での衛星工場などに移管し，メコン経済圏全体での産業再配置をすすめている。

---

[3] もちろんAECによって全てが解決するわけではなく，生産ネットワークの拡大と相補的に，「下からの」，あるいは「事実上の」経済統合が進んでいく。The Emerging Production Networks in Mekong Region, 松島（2013c）

[4] Rodrik, Dani（1994）：中所得国は労働集約産業と高付加価値産業が混在するため，放っておくと産業構造転換の障害になる。このため，前者より後者への高賃金政策が有効な手段になるとされる。

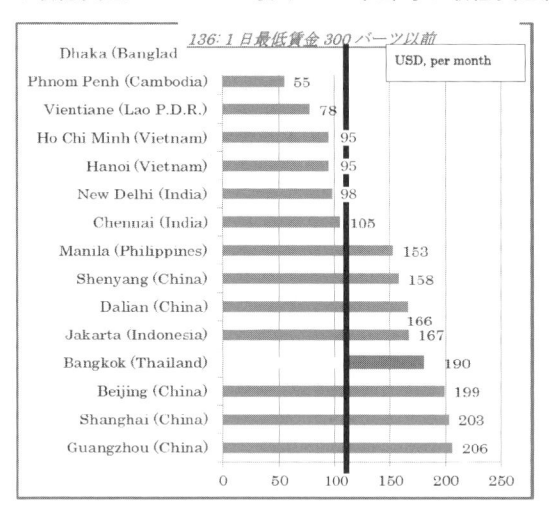

図表2　タイ最低賃金300バーツ導入2012年当時の最低賃金国際比較

	USD, per month
Dhaka (Bangladesh)	136: 1日最低賃金300バーツ以前
Phnom Penh (Cambodia)	55
Vientiane (Lao P.D.R.)	78
Ho Chi Minh (Vietnam)	95
Hanoi (Vietnam)	95
New Delhi (India)	98
Chennai (India)	105
Manila (Philippines)	153
Shenyang (China)	158
Dalian (China)	166
Jakarta (Indonesia)	167
Bangkok (Thailand)	190
Beijing (China)	199
Shanghai (China)	203
Guangzhou (China)	206

出所：JETRO調査を元にNESDBで著者作成

　これに従うように，タイ投資委員会（BOI：Board of Investment）は，タイ＋ワンを積極的に展開すべく，積極的な海外展開を促進している[5]。これまでタイの内国投資を進めるための実行機関であったタイ投資員会が，海外展開を促進しているのだ。

1.2　タイ＋ワン戦略とジャパン＋ワン戦略

　実はタイ＋ワン現象は，目新しい動きではない。サプライチェーンを共有する日本とASEANにおいて，論理必然的に展開されるダイナミズムと捉えたほうが正確であろう。日本もかつては国内産業の中で実現してきた。考えてみれば，戦後日本の産業立地の変遷は，「パシフィック（太平洋側）＋ワン」として，特に，1970年代の成長屈曲，高度成長から安定成長への転換

---

[5]　2014年7月8日BOIセミナーでは「タイ＋ワン」支援部署の立ち上げを発表。

の過程で、太平洋ベルトから日本海側を中心に移転を進めてきた経緯であった。その後、ジャパン＋ワンとして1985年のプラザ合意をトリガーとして、今度はASEANに進出していったという流れにすぎない。いわゆる太平洋ベルトから日本海側への産業のシフト、「国土の均衡ある発展」がその政策的表現である。

このような観点に立てば、現在ASEANを中心に、新興アジアで行われている産業構造のダイナミクスな構造転換の背景を、段階論的な流れの中で理解することができるだろう。タイ＋ワンは、ジャパン＋ワンの延長上に措定される。この動きは、アジア全域で観察される。いわば、中進国に達した国は大なり小なり「＋ワン」を実施して、脱皮していくのである。

同時にこの瞬間、日本企業は、「選択する側」から「選択される側」に主客が転倒する可能性がある。すでに日本の一人当たりGDPを超えたシンガポールでは十数年前から、「シンガポール＋ワン」が展開されている。実際、シンガポールから移った周辺に移る製造業企業は多い。シンガポールの産業構造の高度化に伴い、土地の平米あたりの生産性が、シンガポールのIT、金融、バイオといった成長セクターには追い付かないからである。またシンガポール政府は、シンガポール＋ワンの候補地開発を、率先的に自らが関与する形で四方に展開している。インドネシアのバタム島、ビンタン島の開発は、労働集約的な産業集積として比較的早くから実施されていた。さらにここにきて、シンガポール水道を挟んで、マレー半島側、ジョホールバル・マレーシアにも触手を伸ばしている。これが「イスカンダル・プロジェクト」[6]である。

マレーシアやインドネシアの一部でも、自国の産業構造に適合的な分野を特定して、成長戦略を策定、適切な産業分野のターゲッティング・ポリシーを実施している。最近では、ベトナムのハノイやホーチミン、中国沿海部でも

---

(6) http://www.iskandarmalaysia.com.my/our-development-plan

同様の動きが顕著である。「進化するアジア」のダイナミズムに取り残されると，日本企業は致命傷になりかねない。繰り返しになるが，日本企業は選ぶ立場から，選ばれる立場に立たされているという立場を理解する必要がある。

　また，ジャパン＋ワン戦略とは，「空洞化論」への正しい反駁でもある[7]。実際，今や官民をあげた海外展開への取り組みが，「空洞化」の言説を超克し，新興アジアとの経済連携を通じた，新しい国際分業体制の構築という視座を獲得している。いよいよ市民権を得るという転換点に到達しているのだ。2013年3月末の中小企業金融円滑化法が期限を迎え，我が国中小企業の活路はもっぱらに海外，なかんずく新興アジアにあるとさえ言える。同年6月に発表された『日本再興戦略』[8]でも，我が国中小企業の1万社を新たに海外展開する目標を定め，国民所得増大を明記し所得収支で稼ぐ方針を明確に打ち出している。

1.3　日本の中堅・中小企業はなぜ新興アジアに海外展開すべきか

　ここにおいて日本企業が何故，新興アジアへと海外展開をしなければならないか，その論拠を得ることになる。すなわち，国民経済の成熟化，産業構造転換を遂げるという国民経済の生理として，日々こうした新陳代謝が必要とされる。特にグローバル競争が激化するなかで，こうした流れは，加速することはあっても停頓することはない。「大丈夫三日会わざれば，正に刮目して対すべし」。

　これまで見てきたとおり，新興アジアのダイナミズムは加速化しており，これまでのような「静止画像」で海外展開を捉えることは危険である。これまで日本企業の海外展開の助言を行ってきた立場から申し上げると，日本企

---

(7)　松島（2012）
(8)　日本再興戦略 http://www.kantei.go.jp/jp/headline/seicho_senryaku2013.html

業が先頭を行っているという「甘さ」が潜在意識に漂っている。その認識の背景には，他国の動きが一定である，あるいは動きが止まっているという前提ではないか。「天動説」（自分中心に世の中が回っているという世界観）と「地動説」（自らも新興アジアビジネスのプレーヤーの一人にすぎないという世界観）という言い方があるが，正に日本企業にとって深刻な課題は，この「天動説」をどう克服するかである。

　特に新興アジアでは生き馬の目を抜くような発展を目の当たりにしており，新興アジアの産業構想転換の加速は，日本が1960年代に，70年代の高度成長期，安定成長期に体験したそれ以前とは加速度が違う。これからは「動画」としてアジアのダイナミズムに共鳴しながら，自らの事業，国民経済の発展を進化させていくほかない。これが，「タイ＋ワン」戦略に共振する「ジャパン＋ワン」戦略であり，新興アジアのダイナミズムを支えるそれぞれの「＋ワン」は唇歯輔車の関係にあるといえる。こうした一連のダイナミックな展開が，のちに言及する「リンクするアジア」において一つの連動運動を実現する。

　ここでは「新興アジア」は，「すり合わせ型のものづくりが展開する地域」として措定している。これは，単なる成長センターとしてアジアではなく，今後日本の中堅・中小企業が進出すべき，戦略的なパートナーとして，あるいは，日本のすり合わせ型ものづくりを継承する地域として，彼らが「新興アジア」に進出する論拠を提供するからにほかならない。ここにおいて，日本における本質的課題である「後継者問題」について，本質的な回答を得ることとなる。日本の後継者はこの日本型すり合わせの地域，すなわち「新興アジア」に求めるべきなのである。「モジュール型」ものづくりの「世界の工場」である中国に対し，日本型ものづくりである「すり合わせ型」ものづくり文化圏を進出のターゲットにすることは，日本企業にとっては，単なる海外展開の文脈を超えた戦略的深みを提供するとともに，後述する「リンクするアジア」で詳述することとなる新興アジアにおけるサプライチェーンと

その産業的連結性を共有し，その必然性を提供するはずである。

　絶えず運動する生産拠点の再配置という地殻変動を前提にすれば，中堅・中小企業にとっては，如何にこの流れに従うかが事業継続の前提となる。2015年現在の現下の円安傾向にあっても，大企業・メーカーの国内回帰の太宗は，自社への内製化であり，系列・下請けシステム全体を通じた回帰ではない。下請け中小企業にとって，寧ろこれまでの受注業務がなし崩し的に召し上げられ，メーカーの自社工場での内製化に回る事例，「上知（召し上げ）」現象が増加する傾向にある。座して死を待つか，果断に死の跳躍にかけるか，これは個社の直面した課題であるのみならず日本産業構造全体の大きな課題でもある。

2 リンクするアジア

2.1 クラスターリンケージの実相

　アジアのこうした＋ワン現象は，アジア大でのサプライチェーンの形成が前提とされている。その来歴をみると，現状のジャパン＋ワンからタイ＋ワンへのダイナミックな動きを理解することができるだろう。

　1985年のプラザ合意に端を発した日本企業の海外展開は，メーカー進出に合わせ下請け中小も進出するという系列型海外展開であった。しかしグローバル競争の激化と，2011年の震災と大洪水に伴う代替生産および安定供給政策の重視という状況を経て，メーカー側が，コスト削減と分散型生産を目指している。現地調達率を高める一方，中小企業も，自治体や地方金融機関が音頭を取った地域クラスターごとの水平型海外展開に形を変えている。このことは，これまでの系列構造を前提とした日本国内の生産システムを溶解し，新たな連携の可能性を惹起している。これが先述の「上知」現象と共振するのだ。その上で，周辺国との連携を通じた昨今のタイ＋ワン現象は，日本と新興アジアの一体型生産ネットワーク，経営的な視点でみれば，

図表3　タイ＋ワンへの発展

(地図：ミヤワディ、ビエンチャン、サバナケット、ディキ、バンコク、ダウェイ、ポイペト、コッコン)

出所：著者作成

「海内一如」経営が不可避的な状況にあることを迫っている。

　たえず成長するためには、日本の国内におけるコア・コンピタンス（強み）へ選択と集中（ジャパン＋ワン）を進めながら、資本集約的或いは知識集約的な産業と、労働集約型産業との間の日々の産業構造転換が不可欠となる。いわば「サルの木登り」に似て、下の手を離さなければ上の枝をつかむことはできない。

　すでにアジア各国も、発展段階に従い国際分業を通じて、産業移転を実現し自国の産業を高度化しつつある。その意味で、タイ政府の果断の政策変更を仰ぎ見る時、ジャパン＋ワンは、タイ＋ワンに劣後する状況を生み出しているかもしれない。日本もタイに大いに学ぶべきであろう。

　また一連のジャパン＋ワン、タイ＋ワンと進んできた発展の形とその連携こそが、新興アジア大での国際サプライチェーンの形成であり、リンクするアジアの矩形を成立させている。逆にいえば、その流れが、新興アジア各国の産業クラスター形成の駆動力となっているといえるだろう。

2.2 クラスターリンケージを支える前提条件

　2015年のAEC創設によりASEANの一体的な市場が構想されている。実際、すでに我が国海外直接投資の累積は、すでにASEANが中国を凌駕している。ASEANが我が国企業にとって有望な生産拠点であるとともに、マーケットであることがその背景にあるのだ。この変化には絶えず利点と欠点が生成される。すなわち、市場の拡大・深化と生産コストの上昇である。生産力と消費市場のダイナミックな生成と転換が、この新興アジアのダイナミズムを担保しているのだ。

　この生産と消費のダイナミズムを裏書するように新興アジアを取り巻く貿易構造も、これまでの三角貿易構造、すなわち「日本で考え、アジアで作り、欧米で売る時代」から、「アジアで考え、アジアで作り、アジアで売る時代」へと変貌を遂げている。日本の域内貿易依存度は、対米依存8％以下に低下しているのに対し、アジア経済圏とのそれは軒並み増加、「ASEAN+6」と呼ばれるASEANに日中韓印豪NZを加えた地域とは6割を超えるまでに成長している。その背景には、ASEANを中核とする自由貿易協定（FTA）や経済連携協定（EPA）のネットワークの存在を確認することができるだろう。これらは実に、現地企業以上に、この地域に展開する日本企業にとって大きな裨益をもたらしているのだ。タイの自由貿易協定カバレッジ率は実に日本の3倍に達しており、たとえば印タイ自由貿易アーリーハーベストでは実にタイで操業する日本企業が生産する冷蔵庫やブラウン管テレビ、エアコンなど82品目の製品のインドへの輸出に圧倒的に有利な構図が出来上がっている。

　特にメコン経済圏は潜在的に発展可能性が大きい地域である。戦後日本の経済発展の歴史にみるように、一人当たりGDPが2000ドルで家電市場が開花し（三種の神器）、3000ドルで自動車市場に火が付く（3C）という従来の発展段階を考慮すれば、このタイ＋ワンが包括するメコン各国の各発展段階に応じ、ニーズのある商品・サービスを提供するという「時間差攻撃」的

なマーケッティングが可能であろう。メコン経済圏では、いわばタイムマシンを使ってかつて日本が経験した成長段階に遡行することができる。

2.3 新興アジアのミッシングリンク

ASEANを中核とする新興アジアのダイナミズムは、そのミッシングリンクの動向に注目することで理解することができる。つまり日本とリンクし、相互にリンクする新興アジアを前提に、そのリンケージを調整していく仕組み、これを実現する方法論がミッシングリンクの手法なのである。具体的には、それぞれの産業分野でサプライチェーンの欠缺となっている部分、今後欠缺になる部分を確認し、これに対し、AECの文脈における域内最適生産をにらみながら、それぞれの地域が必要とされる産業セグメントを特定し、今後必要となる投資をターゲッティングするという方法である。

素部材産業の欠缺というのはこの地域最大のミッシングリンクとなる。鋼板の値段が日本よりも高いというASEANの供給事情を勘案すれば、これをどう是正できるかによって死命を制せられる。一部、鋼板の加工については進出が続いているが、本格的な製鉄高炉の建設には少し時間がかかることがこの背景にある。さらに自動車用鋼板については、自動車の軽量化の文脈において、この地域の産業高度化に合わせてミッシングリンクが存在している。

また、同じ自動車部品については、制御システムの設計思想の変更が、今後のミッシングリンクとして超克すべきセグメントとなろう。これまでのポンプ式制御から、電子制御への転換を通じて、大きな可能性を占める分野である。またこうした電子制御部品の精密機械製造にシフトするに従い、電力供給に関し、瞬停をも忌避する傾向が働くだろう。つまりこうしたミッシングリンクの発生、その克服に向けた新たな産業クラスターの組成に伴い、その反射的効果として、電力に関する特定地域でのマイクログリッドの安定供給を目指す、スマートシティ構想が切実な課題として採用される。ここにも

産業集積が次世代のインフラ整備を招来するという構図（インフラが次世代産業を呼ぶのではないという意味で，逆の！）が成立するのである[9]。

3 ミッシングリンク解消に向けた取り組み

3.1 アジアの成長を取り込めないわけ

　実際，日本企業は必ずしもアジアの成長を取り込めているわけではない。これは衝撃的事実である。これは，相手のニーズ，現地ニーズに対する理解不足に起因しているところが大きい。煎じ詰めると，この現地ニーズの理解には，成長し，リンクする新興アジアにおける日々生成流転する産業構造転換へのダイナミクスと，この際に招来するミッシングリンクの把握が不可欠となる。したがってまずは，ニーズを科学的に抽出する作業から始まる。後述のお互いプロジェクトでは，このニーズ回収のメカニズムを自覚的に追及し，方法論を確立している。これを活用することによってはじめて，単なる思い付き型の新興アジア展開から，哲学と方法論に基づく，きわめて科学的な海外展開手法が確立されるのだ。

　ASEAN全体でみれば，こうしたミッシングリンクやその前提としての課題に差異が生じるだろう。これから建国を進めるミャンマーと「中所得国の罠」に直面しているタイでは，産業構造の転換もおのずと異なるであろう。このようなミスマッチを解消するためにも，ミッシングリンク解消の手法が重要になる。何が必要とされており，何が補完関係に立つか。これらを理解した上で，新たな投資促進を進めるという戦略である。

　残念ながら，日本企業は総じて，こうした産業構造の動向をみるという視

---

[9] 昨今の海外におけるスマートコミュニティ開発が必ずしも成功していない理由は，こうした現地ニーズの回収に失敗しているところが大である。特に産業構造のダイナミックな展開を理解しなければ，海外ビジネスの成功はない。松島（2014），松島（2012f），松島（2012e），松島（2012d），松島（2012c），松島（2012b），松島（2012a）

点に乏しい。換言すれば,「産業地図」を読み解くというリテラシーが相当欠如しているといってよい。おおよそ物流や交通インフラはこうした産業活動の下僕であり, 主客転倒の構造にこそ, 現在の成長アジアの取り込みを阻害している課題が胚胎している。

現在, ミャンマーで進めてきたダウェイ深海港総合開発は, 新興アジアのミッシングリンクを解消し, 加えて日本企業にとってアジアの成長を取り込む千載一遇のチャンスである。まさにこれまでのASEAN地域の向後の成長の生殺与奪を握る素部材産業や, 環境負荷の比較的高い産業群を環境配慮のインフラ整備を前提にして許容していくことが可能かどうか, そしてタイ＋ワンとして, 在タイ日本企業の中で労働集約産業, 特に自動車部品が目指す大きな可能性を秘めた拠点としてダウェイが注目されるだろう。日本の中堅・中小企業も含めた将来ある日本企業の果断な決断に期待したい。繰り返しになるが, インフラが国の将来を決めるのではなく, 産業構造が国の将来を決める[10]。

3.2 Win-Winゲーム：Japan as Only One

新興アジアにとって, こうした日本企業, なかんずく, オンリーワンの技術を練磨してきた中堅・中小企業の展開は, 一方的な関係には終わらない。成長のための技術革新を外生化しうるところにこそ, 語の厳密な意味でのWin-Win関係, 互恵的な関係が実現し, 日本企業との戦略的パートナーシップを希求する前提が存在するのである。何故か？

日本企業・産業とASEAN企業・産業が, 連携して成長する姿。新たなパラダイムのもとに, 日本企業は, ジャパン＋ワン, 続いてタイ＋ワンを実現するとともに, 新興アジア大で生産ネットワークを構築するという作業が展開されるのである。もはや, 日本国内でも, 日本＝タイ両国でもない,

---

(10) 松島（2013f）, 松島（2013d）, 松島（2013b）

ASEANを中核として新興アジア全体に広がる一つの生産圏，この実態こそが，「日本の工場」としての新興アジアであり，日本産業の生命線なのである。

　すり合わせ型「日本の工場」であるASEANを活用することで，生産分業体制を実現し，日本，タイ（中進国），新興国と，より強みのある分野に注力することにより，全体でも，また部分においても最大のパフォーマンスを上げることができるという仕組みが，タイ＋ワン戦略の真骨頂である。これまで国内だけで考慮されてきた産業立地の選択肢を内外一体的に考慮することにより，最適な生産分業体制を確立することが可能となる。こうした国際間の分業体制を実現することこそが，自らの強みを喪失するどころか，むしろ余分な仕事への分散を不要とし，自らの強み（コア・コンピタンス）へと注力する経緯となるはずだ。「サルの木登り」の比喩を続ければ，木の上に登るためには，「上の」手を放すのではなく，「下の手」を放してさらに上に向けて繰り出す以外にない。いらなくなった「下の枝」こそが，ここでいう「＋ワン」の分業先なのだ。比較優位に基づき，成長し続けるためには，「獲得」するのではなく，「捨て」なければならない。

3.3　イノベーション道場としてのASEAN

　実は新興アジアと一体化することは，これまでの海外展開は余業という発想を180度転換し，海外展開によって日本の産業構造を変えることに他ならない。地域間連携（Local to Local）により，我が国の個別地方経済が直接，新興アジア各地を結ばれ，日本と新興アジアのビジネス構築に向けた互恵関係が構築されつつある。その意味で新興アジアなくして日本の成長戦略及び地方創生は描けない，また新興アジアの成長は日本の中小企業との連携によって実現するということである。後述する「お互いプロジェクト」は，これを実現する具体的な方法論なのだ。具体的には何を意味するのか？

　お互いプロジェクトが追及している新たな地域間連携は，ある意味，「グ

ローカルVersion2.0」とでも形容すべき事態であろう。「グローカル」という造語は，グローバルとローカルの合成語であり，ローカルな立場でグローバルを目指すという地域戦略であった。大分県の平松知事が始めた「一村一品運動」がその典型である。

しかしながら，これまでの「グローカル」，「グローカルVersion1.0」と比較して2.0がどのように特徴的なのかをみれば，今後のアジア大での地域間連携の本質を理解することができるだろう。すなわち，「グローカルVersion2.0」は，これまでの「おらが村の村自慢，町自慢」の矩を超えて，新興アジア側のニーズがまずありきで，市場の声を拝聴し，しかるのちに日本側のクラスターを再編成させるという永久機関的な運動であり，自覚的な進行形の発想であるクラスタリング戦略なのである。すなわち，新興アジアを媒介に，技術やノウハウをもつ我が国中小企業が，新連携や業態転換を通じてイノベーションを実現させるということである。

図表4　グローカルVersion1.0とVersion2.0

	Version1.0	Version2.0
基本哲学	プロダクトアウト	マーケットイン
供給体制	個別型	クラスター型
地域連携の可能性	点での完結型	リンケージ重視

出所：著者作成

これがまさにタイ＋ワン戦略，あるいはジャパン＋ワン戦略の分野において有効な構造転換戦略の一つであり，日本の中小企業はその進化の先端にあるという意味で，実はピンチはチャンスであるといえる。これまでのような，「汎用化のジレンマ」[11]による価格競争を惹起するような競争環境を捨てて，新規市場を対象にして，「第二の創業」をASEANで実現できるので

---

(11) コア・コンピタンスを見失うことで，競争戦略の本質を価格競争に求め，汎用化に陥ってしまうジレンマ。

ある。ある意味で，それは「うべかりしイノベーション」という意味での「リバース・イノベーション」といってよいかもしれない。

　なぜ日本国内では実現できないイノベーションがASEAN，新興アジアでは実現できるのだろうか？「岩盤規制」と「カンバン系列」の2つの大きなしがらみに自縄自縛となった国内に対し，新興アジアは，変えるためのコスト（調整コスト）が低いということがあげられる。大木の繁茂する下では新たな芽吹きは育たない。光が当たらず，滋養が十分に行き渡らないからである。産業構造転換が不可避なことに異議を唱える人はほとんど居ない中，どう結果を出すか，「誰が猫の首に鈴をつけるか」が問題なのだ。

　ちょうど日本の高度・安定成長期を地で行く新興アジアは，企業創造の磁場を提供するだろう。この成長期において，今日の日本経済を牽引してきたトヨタもホンダもパナソニックも松下も世界的メーカーへの階梯を登って行ったことを。新興アジアという新機軸の磁場，その胸を借りる。新結合・新連携で，我が国中小企業は下請を脱してメーカー化，「第二創業」が実現可能となるのだ。

　さらに，新興アジアの成長の只中で，日本のかつての経験を参照した「タイムマシン型」事業展開を実践すれば，新たな新機軸という意味でのイノベーションが可能である。イノベーションというと，どうかすると，世紀の大発見，ノーベル賞級の技術革新を想像する。しかしイノベーションの多くは，シュンペータ流の新機軸としてのイノベーション，すなわち日本にかつてからある既存技術の新機軸，日本の技術と新興アジア現地のビジネスの知恵（Local Wisdom）の新結合こそが真に必要であろう。iPS細胞ではなく，むしろ既存技術の新結合であるiPAD，iPhoneを必要としている市場，それが新興アジアなのだ。

　日本企業を取り巻く現実は，もはやグローバル企業の大競争時代突入を背景に，日本の系列システムが溶解しつつある。それは日本経済，特に地域経済の内実を構成し，貢献してきた下請けとしての我が国地方中小企業群が二

重の意味で自由化しつつあるだろう。新興アジアに展開した我が国中小企業は，日本国内の系列関係から放逐されるという「自由」を得るとともに，これを逆手にとって，新たに我が国中小企業は，新興アジアを介し，新たな産業クラスター形成，新連携・新結合を行う「自由」，すなわちメーカー化，「第二の創業」を実現する「自由」を得ることができる。

特に2011年の東日本大震災と同年後半のタイの大洪水がもたらしたアジア大での国際サプライチェーンの寸断は記憶に新しい。同時にこれを奇貨として多くの製造業メーカーが素部材や部品の安定供給を目指し，調達先の多様化，分散を進めているのだ。こうした文脈を背景にすると，2011年は「脱系列化元年」とも，「脱日系元年」とも形容されるターニングポイントとして銘記されるだろう。

日本では実現できない創業と下請企業のメーカー化。そう遠くない将来，新興アジアで成功した地元中小企業は出世魚のように地域経済の貢献することができるのだ。ここにおいて，我々は，単なるアジアの成長を期待するレベルの議論から，イノベーションの孵化器（インキュベーション）としての新興アジアという，骨太のアジア論を得ることになった。これが「＋ワン」を能動的に活用した「方法としてのアジア」の謂いである。

4 おわりに：「お互いプロジェクト」による日泰クラスターリンケージ

4.1 クラスターリンケージ支援の枠組み：Local to Local

2013年12月に東京で開催された「日ASEAN友好40周年記念サミット」では，地域間連携を促進することがうたわれた。これまでの中央政府主導の国際連携では対応できなかった産業クラスターとしての地域特性を生かし，真に具体的な成果をもたらす案件形成を前提とした連携が目指されることになった。これまでの自治体が行うような「姉妹都市連携」という精神規定の

図表5　日ASEAN経済大臣会合における政策提言

Policy Recommendation
◆ AMSs to develop **Networking Conference and Workshop both in Japan & ASEAN such as Otagai Conclave**, in cooperation with Japanese local governments for catalyzing new industries
◆ AMSs and Japan to support for a study for **ASEAN Missing Links** & for establishing **Otagai Project Method and Mechanism of Overcoming ASEAN Missing Links** as well as for **Otagai Pilot Project** (development of Asian business persons, Sustainable Tourism Cluster Linkage & Cultivation of consumer market) to be accomplished smoothly, as for the initial steps
◆ AMSs and Japan to endorse for **establishing appropriate environment for Otagai Project through de-regulation, incentive mechanism and Standardization for new combination toward innovation hub in ASEAN**

出所：日ASEAN経済大臣会合報告文書

限界を超えて，新たな地域間連携が打ち出されている。2014年8月25日，ミャンマーの首都ネピドーで開催された日ASEAN経済大臣会合の一連会合の一つである第1回日ASEAN新産業対話では，この地域間連携，その具体的成果としてのお互いプロジェクトが重要アジェンダとして議論されることとなった。これを受け，翌26日の日ASEAN経済大臣会合では，日本とASEAN10か国の経済大臣に対し，お互いプロジェクトによる地域間連携の取り組みが報告され，ASEAN全体への展開が幕を切って落とされた。

4.2「お互いプロジェクト」とは

　2011年のタイ大洪水では，被災した日本企業の55％が日本に生産を振替え，事業継続として両国の相互補完協力を実現した。その後一層普遍的な，両国産業の相互補完，協創的成長に向けた互恵的な仕組みとして，日タイ両国からまずはお互いプロジェクトが始まった。日本国内では各地域のキーパーソンが一堂に会する「お互いコンクレーブ」を開催，単なる会議のための会議ではなく，具体的な案件形成に向けたネットワーキングや連携など，「手段」として活用している。「お互いコンクレーブ」は，新興アジアからキーパーソンが参加。ASEAN進出支援政策のベストプラクティス共有に加え，個別地域の強みを活かした具体的なクラスター型新事業形成という成果

図表6 お互いコンクレーブの開催実績

回数			目的	成果
第1回	2013年4月	東京	海外展開支援の課題・ミッシングリンクの確認	地方中小企業の海外展開支援を体系化することに成功，その課題を網羅的に抽出し，お互いプロジェクトの必要性を確認。
第2回	2013年6月	鳥取	技術センサスの導入	技術のミッシングリンク解消に向けタイ中小企業診断士を活用
第3回	2013年8月	大阪	タイからの拡大の可能性	ベトナム，ラオスを中心としたタイ＋ワン周辺国へお互いプロジェクトが拡大
第4回	2013年12月	山梨	下請協会	生産現場の自働化実践により，中進国タイの払底する労働力を解消する協力体制を確立
第5回	2014年2月	北陸金沢	持続可能型観光	産業政策としての持続型観光に向けた協力を実現。
第6回	2014年5月	茨城	新興アジアを介した国内地域間連携	新興アジアを機縁として，日本国内の新たな新連携を確立
第7回	2014年7月	姫路	観光六次化	人流を機縁とした新たなビジネスバリューチェーン確立を実践。
第8回	2014年10月	TAMA八王子	課題解決マッチング	肉弾型ビジネスマッチングを超克し，科学的なビジネスマッチングメソッドを確立予定。
第9回	2015年1月	島根奥出雲	「ベタな支援」から「メタな支援」へ 地方創生への処方箋提示	二国間クレジットや強靭化政策を通じた連携を実現。特に日本経済の最も脆弱な環である中山間地を，新興アジアを通じて解決する方法を提示

出所：著者作成

が実現している[12]。

　またこの会議を通じて，ASEANを目指す日本の地域間の横連携も始まっている。その意味で，ASEANを介したイノベーション，ビジネス案件形成を進めることが，日本国内の新たなイノベーションの機縁となるのだ。それは，それぞれのクラスターのもつ経済力の「重力」的感応に対し，ネットワークのもつ「引力」的作用とでもいえるだろう。

　このようにお互いプロジェクトでは，ASEANにおける各分野の欠如（Missing Link）を抽出し，これを埋め合わせることで，補完関係のWin-Winの互恵連携，まさに「お互い様」を実現する。こうした「欠如＝Missing Link」こそが，新興アジアが直面する「課題」であり，次への発展のための「挑戦」といえるのだ。日本は「課題先進国」であるという表現が熟しつつあるが，その課題解決法，ノウハウ，技術が，日本の個別中堅・中小企業に存在する。そしてこうした技術やノウハウをそのまま，日本国内でガラパゴス化させ死蔵させることなく，新たなマーケットである新興アジアで「現地化」させることができるのだ。

　すでにお互いプロジェクトでは，産業，技術，ソリューション，経営，熟練労働力の5分野でミッシングリンク抽出ツールを開発，日本からの産業クラスター型進出の受け入れ先を見つけている。ここにおいて，クラスターリンケージに基づく連携関係は，単なる思い付きの連携を超えて，真に科学的な，相互補完の可能性を抉り，新興アジアにおける産業連携の新たな地平を開くのである。

　「技術センサス」は従来の情緒的ビジネスマッチングから科学化に向けたプロファイリング手法を提供，日本から「輸出」されたタイ中小企業診断士と連携，中小企業の系列・業種を超えた顧客創造のツール，新連携・業態転換のための道具立てとして活用中である。経営面では，製造業向け対事業所

---

[12] 北陸経済連合会AJEC会報AJEC Warm TOPIC Vol117（2014, May）

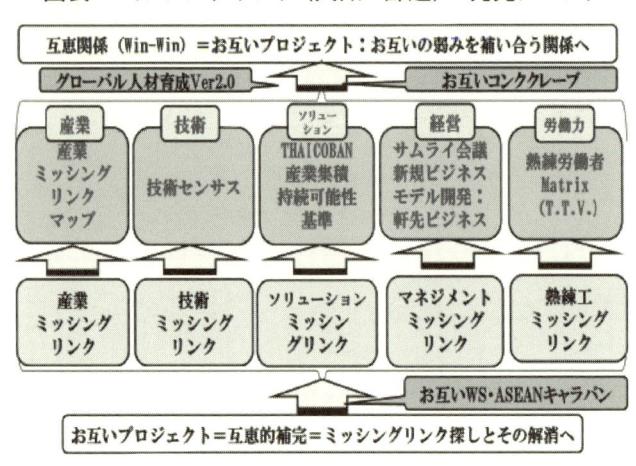

図表7 ミッシングリンク（欠如・課題）・発見メソッド

```
互恵関係（Win-Win）＝お互いプロジェクト：お互いの弱みを補い合う関係へ
グローバル人材育成Ver2.0              お互いコンククレーブ

  産業      技術    ソリュー    経営      労働力
                    ション
  産業             THAI COBAN  サムライ会議  熟練労働者
  ミッシング  技術センサス  産業集積    新規ビジネス   Matrix
  リンク            持続可能性  モデル開発：  (T.T.V.)
  マップ            基準      軒先ビジネス

  産業      技術    ソリューション  マネジメント  熟練工
  ミッシング  ミッシング  ミッシン    ミッシング   ミッシング
  リンク    リンク    グリンク    リンク     リンク

                          お互いWS・ASEANキャラバン
お互いプロジェクト＝互恵的補完＝ミッシングリンク探しとその解消へ
```

出所：著者作成

サービスを効率的に提供すべく，新規進出企業が既出企業の軒先を借りる連携（「軒先ビジネス」）を進め，ASEANの新産業クラスター形成にも寄与していく[13]。これは，日本の産業クラスター形成の歴史を再現する試みでもある。

4.3 具体的な成功事例によってクラスターリンケージを加速

「お互いプロジェクト」は実践的な取り組みである。真の事業継続，持続可能かつ相互互恵の協力関係を進めるべく，ちょうど近江商人の「三方良し」の精神を追求している。これまで説明してきたミッシングリンクの手法を活用することで，科学的な相互互恵の対象を特定するとともに，アライアンスに向けた様々な破壊的イノベーションの政策科学を動員している。これまでややもすれば，感傷的かつ主観的なビジネスマッチングに終始していた

---

(13) 日本のクラスター形成の実際を検討すれば，「軒先ビジネス」の発想は極めて顕著である。中堅・中小企業にとって初期のビジネスリスクは高く，これらを補うために，既存のビジネスと連携する，軒先を借りるという戦略である。松島（2013e）

日本とASEANのビジネスアライアンスの方法について，客観的なクライテリアを整備しつつ，同時により実践的で現実的な解法を提供している。

　個別の具体的なビジネスモデルについてはいくつか稿を別して論じているので是非参考にされたい[14]。これらの事例は，クラスターリンケージを通じた日本と新興アジアの新規ビジネス形成レッスンの宝庫である。相互補完関係と，動的な「＋ワン」の累積的分業，進行形の連携を通じて今や新興アジア大での縦横無尽の生産ネットワークが構築されている。今やクラスターは開かれた連携によって強化される。国民国家がクラスターを作るのではなく，クラスターが国をかたち創る。

【参考文献】
松島大輔（2012）『空洞化のウソ』講談社現代新書
松島大輔（2014）「インフラ関連ビジネスの新興アジア現地化戦略とは？」『土木技術』理工図書，Vol.69 No.2
松島大輔（2013f）「ダウェイ深海港総合開発にみる開発会社（SPV）型総合開発の本質と意義〜新興アジアでインフラ・ビジネスを実現するには」『土木技術』理工図書，Vol.68 No.12
松島大輔（2013e）「メコン経済圏に向けた工業団地持続可能性基準の進展〜インフラ関連企業のストックビジネス化とパッケージ化に向けた再論」『土木技術』理工図書，Vol.68 No.10
松島大輔（2013d）「世界のインフラ事情インフラ関連企業「現地化」経営論―タイ２兆バーツ・インフラ大型開発の衝撃―」『土木技術』理工図書，Vol.68 No.8
松島大輔（2013c）「AEC（アセアン経済共同体）創設で何が変わるのか？〜インフラ関連ビジネスからみるAECと各国の対応〜」『土木技術』理工図書2013年Vol.68 No.6
松島大輔（2013b）「ミャンマー・ダウェイ総合開発〜日本産業の生命線〜」『土木

---

(14)　たとえば，「お互いプロジェクト」パンフレット，2014年8月25日，お互いプロジェクトティーム参照。

技術』理工図書, Vol.68 No.4

松島大輔（2013a）「タイにみる国境地域開発計画の現状〜辺境からハブへ〜」『土木技術』理工図書, Vol.68 No.2

松島大輔（2012f）「世界のインフラ事情「大日本都市開発㈱」に向けて―インフラ関連企業の産業組織論序説―」『土木技術』理工図書, Vol.67 No.12

松島大輔（2012e）「世界のインフラ事情新興アジアのPPP事例：新興アジアにおける総合都市開発の真実―日本製造業企業との共生によるインフラ案件形成―」『土木技術』理工図書, Vol.67 No.10

松島大輔（2012d）「世界のインフラ事情PPPリスク研究―リスク分担と事業範囲の経済学―」『土木技術』理工図書, Vol.67 No.8

松島大輔（2012c）「世界のインフラ事情「現地化」戦略―その具体的事例―」『土木技術』理工図書, Vol.67 No.6

松島大輔（2012b）「世界のインフラ事情「現地化」のススメ：インフラ関連日本企業の「現地化」戦略とは？」『土木技術』理工図書, Vol.67 No.4

松島大輔（2012a）「世界のインフラ事情新興アジアPPP新時代―日本企業の「現地化」戦略展望」『土木技術』理工図書, Vol.67 No.2

"The Emerging Production Networks in Mekong Region", The International Journal Trade and Global Market Vol.7, No.1, 2014

北陸経済連合会AJEC会報AJEC Warm TOPIC Vol.117(2014, May)

松島大輔

国境ビジネスの可能性を探る 第3章

1 はじめに

　今，メコン経済圏において国境地域が注目を浴びている。図表1で示されているように，タイと接しているラオス側の国境のサヴァナケットでは大手のカメラメーカーが進出しており，またカンボジア側の国境でもポイペトやココンに日本のメーカーがすでに進出している。加えて，経済開放が進むミャンマー側でも，ミャワディ・パアンやダウェイにつながる国境地域で工業団地開発が計画されている(1)。

　今なぜ国境地域なのであろうか。一般的には，どこに企業を新たに立地しようかと考える場合，すでに企業が集まっている地域に立地を検討する傾向がある。それは，すでに企業が集まっているところでは，技術をもった労働者が確保しやすく，また生産した製品を販売するマーケットも身近にあるためである。こうしたことから，企業の大きな集積は，まずは，大都市とその周辺，タイであればバンコクとその周辺の東部臨海地域，メコン地域では，ベトナムのハノイ・ホーチミン，カンボジアのプノンペン，ミャンマーのヤンゴンといったところにみられる。

　ところが，企業の立地や集積は，必ずしもその国の首都のような大都市に限られるわけではない。最近の企業の動きをみると，その企業がいくつかの生産工程を経て一つの製品を生産するときに，たとえば労働集約的な生産工程（部品の単純な組立てやパッキングなど）は，できるだけ労働賃金の安い地域に立地して生産コスト全体を引き下げようとしている。これは，むしろ企業立地を生産コストの安い地域に分散化する動きといえる。これはまさしく，生産工程のフラグメンテーション（分断化）といわれる動きであり，国境を超えてこの動きがグローバル化するといわゆるバリューチェーンの形成

---

(1) 本稿の記述は，主として田口（2013a），田口（2013b）及び田口（2014）に基づくものである。

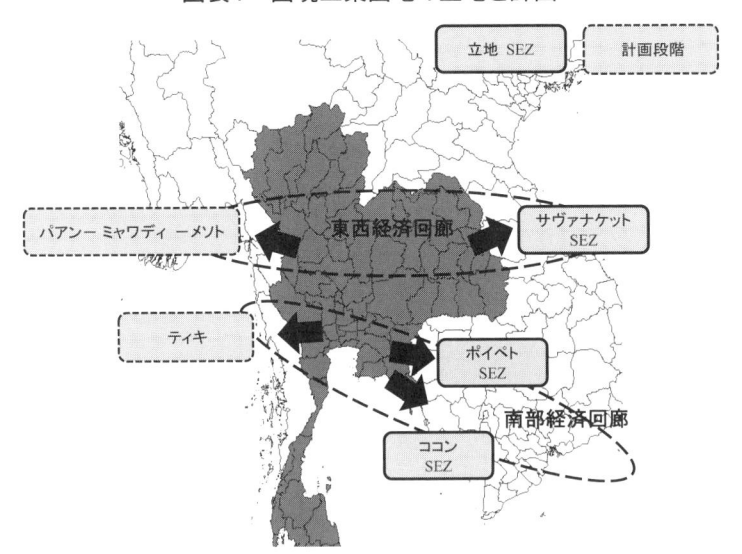

図表1　国境工業団地の立地と計画

（図中ラベル：立地 SEZ／計画段階／パアン─ミャワディ─メソト／東西経済回廊／サヴァナケット SEZ／ティキ／ポイペト SEZ／ココン SEZ／南部経済回廊）

となる。

　国境地域は，その多くは，1国の中で中心都市から離れた開発が遅れている地域に属するが，一方で低い労働コストなどの国境の利点から，企業が集まるケースがみられる。たとえば，世界的に有名な「マキラドーラ」といわれているメキシコのアメリカに接する国境地域は，アメリカの企業も数多く立地する保税輸出加工区となっていて，メキシコ側の安い労働力やアメリカ市場への地の利が，企業立地の大きな誘引になっているのである[2]。いわば，国境地域は，バリューチェーンを受け入れるゲートウェイなのである。メコン地域も例外ではない。タイ側の賃金上昇による対岸国境の低廉な労働力の魅力や，タイ側その他機関の支援による対岸国境のインフラ整備（道路，電力など）などを背景に，タイの対岸国境地域がタイから延伸しようとしてい

---

[2] 「マキラドーラ」の教訓については，Taguchi and Tripetch（2014）参照。

るバリューチェーンのゲートウェイになろうとしているのである。以下次節では，国境地域でビジネスを行う魅力と直面する課題について改めて整理し，第3節では具体的に国境開発の事例をみていくこととする。第4節においては，後発国側の今後の課題も含めて結語としたい。

2 国境ビジネスの魅力と課題

　本節では，まず国境ビジネスの前提となるバリューチェーン形成のメカニズムを概説した上で，国境ビジネスの魅力と課題について述べることとする。

2.1 バリューチェーン形成のメカニズム

　まず最初にバリューチェーンが形成されるメカニズムについて，フラグメンテーション（断片化）の理論によって説明しておこう[3]。フラグメンテーションとは，企業が，経営効率化のために，生産工程を断片化し，それぞれの活動に適した立地条件のところに生産工程を分散立地させる動きを指し，輸送・通信費その他分散立地した工程間を結ぶ費用（サービスリンク・コスト）が低下すればするほど，また立地によって賃金などの生産要素の価格に違いが大きければ大きいほど，この動きが促進されるとされている。この説明に従えば，メコン地域は，タイとカンボジア・ラオス・ミャンマーの周辺国とで，一人当たりGDPに大きな格差（約5000ドルのタイと1000ドル前後の周辺国）があり，当然賃金格差も同様に大きいので，タイに立地する製造企業が，生産工程の中の労働集約的な工程（部品の単純な組立てやパッキングなど）を，賃金の安いカンボジア，ベトナムやミャンマーに分散していくことは，いわば当然の流れといえる。

---

(3)　フラグメンテーションの理論については木村（2003）参照。

図表2　ロジスティックパフォーマンス指標による世界ランキング（世界銀行，2014年）

(160か国)

	総合指標	税関	インフラ	国際輸送	ロジスティック	トラッキング＆トレーシング	手続迅速性	一人当たりGDP (ドル、2012年)
シンガポール	5	3	2	6	8	11	9	53,516
マレーシア	25	27	26	10	32	23	31	10,387
タイ	35	36	30	39	38	33	29	5,390
インドネシア	53	55	56	74	41	58	50	3,591
フィリピン	57	47	75	35	61	64	90	2,612
ベトナム	48	61	44	42	49	48	56	1,753
ラオス	131	100	128	120	129	146	137	1,380
カンボジア	83	71	79	78	89	71	129	926
ミャンマー	145	150	137	151	156	130	117	876

出所：世界銀行。一人当たりGDPは，World Economic Outlook Database (IMF, 2014年4月) による。

　ところが，1つの大きな課題は，タイとカンボジア・ラオス・ミャンマーとをつなぐサービスリンク・コストの高さである。世界銀行が発表しているロジスティックパフォーマンス指標（2014年）は，世界160か国の物流に関するソフトとハードのインフラの整備水準を指標化しランキングしたものであるが，それによれば，タイが35位であるのに対し，カンボジア83位，ラオス131位，ミャンマー145位と3か国のパフォーマンスが特に悪い（図表2）。ここに，バリューチェーンの延伸がまず国境をターゲットし，国境ビジネスを可能にする理由が隠されているのである。

2.2　国境ビジネスの魅力

　それでは，改めて，立地しようとする企業にとって，国境地域にはどんな魅力があるのか整理しておく。国境間の貿易・投資や人の交流は，国内の地域間の取引と異なり，いわばそこに多かれ少なかれ障壁がある。しかし，逆に障壁があり，国と国との間に差異があること自体，そこに立地の魅力を見

出すことができる。特に，国境を接している両国に発展段階に違いがあればあるほど，その魅力は大きなものとなる。

その魅力の1つは，生産コストの違いである。労働力のコスト，すなわち賃金の違いを例にとってみよう。JETROの調査[4]によると，ワーカー（一般工職）月額基本給において，タイ（バンコク）は366ドルに対し，カンボジア（プノンペン）101ドル，ラオス（ビエンチャン）137ドル，ミャンマー（ヤンゴン）71ドルとかなりの格差があり，これにはタイの最低賃金が2013年以降300バーツに一律に引き上げられたことも反映されているものと考えられる。この場合，タイに立地する企業は，賃金の低い周辺国の労働力を活用したいという動機をもつ。とくに，繊維や食品加工といった労働集約的な産業に属する企業はなおのことその動機を強くもつであろう。その際，周辺国側の国境に工業団地ができれば，タイの生産拠点から比較的間近なところで，賃金コストの安い労働者を確保することができるため，そこに企業の工場全体もしくはその一部を移転させることが有利となるはずである。

もう1つの魅力は，国境地域のインフラ（道路や電力など）の整備状況が比較的良好なことである。カンボジア・ラオス・ミャンマーなどの後発国は，一般にインフラの整備状況が悪く，その整備が急速に進むとは考えにくい。ところが国境は別である。国境は先発国側の支援や第三国・国際機関などの支援でインフラ整備が進むことが多い。なぜなら，先発国によるインフラ整備は先発国からの民間投資や投資リターンを増やす意味で先発国自身のためでもあるし，第三国や国際機関は国境両国を含む地域全体の開発のシンボルとして国境インフラ整備を位置付ける場合が多いからである。実際，タイと接するカンボジア側国境の道路はタイの援助で整備されているところがあるし，タイのムクダハンとラオスのサヴァナケットを結ぶ国際友好橋は日

---

(4) 日本貿易振興機構（2014）より引用。

本の円借款でつくられたものである。加えてこうした国境はタイ側の良好な道路や港を通じてタイ中心部の生産基地や海外との物流リンクが可能である。したがって，バリューチェーンの延伸にとって障害となっているサービスリンク・コストが，国境では軽減されるという魅力があるのである。これに，さきに述べたように周辺国の安価な労働力を利用できるとなれば，国境立地企業にとっては一挙両得となり，いわば「国境ボーナス」を手に入れることになるのである[5]。

　国境開発は，それぞれの国の政策にとっても重大な関心事項である。経済面では，先発国タイでは，国境開発は，国内の地域格差の是正などの観点から重要課題となっており，今後5ヶ年の国家の基本方針を定めた第11次国家経済社会開発計画の中でも「国境経済圏」の開発が重点事項の一つとなっている。とりわけ，労働力不足・賃金上昇に直面する中で，労働集約産業の周辺国側国境への移転は，タイにとってより高度な産業に特化するという産業構造転換のきっかけになるであろう。後発の周辺国にとっては，国境に新たな雇用が創出され，また外国投資受入れに伴う技術移転などにより，インクルーシブな成長を支えることになる。また，国境における先発国や第三国・国際機関の支援によるインフラ整備は，後発国側にとって希少な財政資源を国境に多く投じる必要がなくなるという点で，財政負担の軽減につながることになる。こうした経済面での両国のWin-Winの関係・相互依存関係の強まりは，国境で紛争を起こしても両国にとって得にならないという観点から，両国の安全保障にとっても大きな意味をもつことになる。とりわけ，ミャンマーにおいては，国境地域に多く存在する少数民族にとって雇用の機会がつくられることは，地域を安定させる点からとても重要である。

---

(5)　以上に加え，カンボジア・ラオス・ミャンマーなどの後発国は，対先進国との貿易において開発途上国（LDC）適用の特恵関税制度が利用できるという魅力もある。

2.3 国境ビジネスが直面する課題

　次に，国境ビジネスを真に可能とするための条件・課題をいくつか挙げておこう。1つは，国境工業団地区域及び国境ゲートの制度設計である。なかでもとりわけ重要なのは，その区域を「保税加工区」とすることである。すなわち，その区域で製造加工に必要な原材料，部品，機械設備など一切のものを含めて，それらを輸入する場合に関税なし（保税扱いなので原産地証明もなし）の特別な扱いを認めることである。この措置は，まさしくアメリカに接するメキシコ国境の企業（マキラドーラ）が享受することができた措置である。カンボジア・ラオスにおいては，国境工業団地にSEZ（経済特区）が認められていて，その制度の中に保税加工の措置が組み込まれている。今後は，国境工業団地が計画されているミャンマーにおいて，この保税加工が認められるかどうか焦点となる[6]。この他にも，詳細は省くが，必要とされる制度設計をいくつか挙げておくと，たとえば，輸出・輸入のライセンス取得，外国への送金，外国人労働者の労働許可などを簡素化し，かつその手続きをその地区で一元的に行うことができるワンストップサービスを実現することである。また国境ゲートにおいては，出入国・通関・検疫を一元化するシングル・ウィンドウ，輸出入手続きを1ヶ所ですますことができるシングル・ストップ，交通規則が左右走行で異なっていてもワントラックで両国間を往来できる制度等を実現させることである。こうした条件が整えば，たとえば分工場を国境越えにつくるといっても，あたかも国内につくることとほぼ同じとなり，かつ安価な労働力が利用できるという利点が際立ってくることになる。

　2つ目の課題は，国境工業団地の区域と周辺後発国の中心的都市との「国

---

[6] ミャンマーにおいても新SEZ法が2014年1月に公布され，その中には保税加工の制度が規定されているが，その具体的な適用地域を決めるのは国会の承認が必要とされている（ただし，ティラワ，ダウェイ，チャオピュの3地域は，既にSEZに指定されているため国会承認は不要とされている）。

境外連結性」を形成することである。すなわち，タイ周辺国の国境がタイとだけつながるだけで，その国境がその周辺国にとって孤立した存在であれば，その国境の発展の波及効果は望めないし，経済回廊沿いにバリューチェーンが延伸していくことにならない。具体的には，後述するように，ミャンマー側国境のミャワディから西のカレン州の州都パアンを経由してモーラメイン・ヤンゴンに至るルート，ミャンマー側国境のティキを挟んでダウェイからバンコクまでの繋ぐルート，カンボジア側国境のポイペト・ココンからカンボジアの首都プノンペンを経由してベトナムのホーチミン等の主要都市に至る南部経済回廊沿いのルート，ラオス側国境のサヴァナケットから東西経済回廊沿いにベトナムのダナンまで至るルートなどの整備が必要となる[7]。

　3つ目の課題は，国境工業団地における，それなりの技能をもった労働者の確保である。タイから周辺国の国境地域にバリューチェーンが延伸していくに当たり，国境工業団地に新たに分工場などを稼働させていくためには，同地域に工場労働が可能な人材が相当規模確保される必要がある。一方でカンボジア，ラオス，ミャンマーでは，依然農業に従事する労働力が大きなウエイトを占めていて，その子息も含めて，工場勤務が可能な人材を確保することは容易ではない。こうした人材の技能・職業訓練に当たっては，現在生産現場の多くがタイ側に存在することを考慮すると，タイと周辺国との技能・職業訓練のコラボレーション（トレイナー・トレイニーの相互交流や共通カリキュラムの作成など）が必要となる。とりわけ，訓練内容を製造企業のニーズに合ったものにするため，公的訓練機関とタイの製造企業とのパートナーシップによるオンザジョブ・トレーニング（工場現場の中での訓練）の実施が重要である。また，タイには周辺3か国からの移民労働者が2～3百万人存在する（その内ミャンマーからの移民は6割以上を占める）といわ

---

(7)　「南部経済回廊」，「東西経済回廊」（イメージは「はじめに」の図）の構想は，アジア開発銀行によって大メコン圏の協力プログラムの中で2000年に提示されたものである。

図表3

⇐ メソト産業・コミュニティ教育訓練校
- 製造技能、ホスピタリティビジネス、貿易・ビジネス実務など各種訓練コースを整備
- 訓練生1,500人規模
- 現地にある衣料品メーカーと提携して、オンザジョブ・トレーニングをカリキュラムの中に導入

れ[8]。その工場労働者の比率は本国よりも高いため、彼らを国境人材の即戦力として期待する動きもある。タイ側の国境には、たとえばメソトにいくつかの職業訓練校（図表3）があり、北部国境のチェンセンにも国際技能開発研修所が稼働しており、こうした機関を国境における人材育成に積極的に活用していくことが求められる。また、カンボジアやラオスの国境工業団地には実際に日系企業が稼働しており、ミャンマー国境にも日系企業参入の可能性があることから、日本側としてもこの地域の労働者の技能確保に関心を払っていくべきであろう。

3 国境地域開発の事例紹介

本節では、実際に開発やその検討が行われている国境地域の実情について、いくつかの事例を紹介することとする。国境開発は、タイの周辺国であるカンボジア、ラオス、ミャンマーのみならず、タイの国内においても12地域の国境において経済特区の設定が検討されている。そこで、まず最初に

---

[8] タイ労働省の統計（2012年5月）によると、総移民数は178万人で、この内ミャンマー113万人、カンボジア35万人、ラオス16万人となっている。

タイ国境の経済特区構想を産業集積が存在するメソトを中心に概説し，その後国境開発が途上の段階にあるミャンマーのミャワディ・パアン及びティキの状況，すでに国境工業団地が整備されていて日系企業も立地しているラオスのサヴァナケット，カンボジアのポイペト・ココンの順に解説していくこととする。本節の説明は，限られた情報源に基づいたものでかつ主観を加えたものであり，また状況は刻々と変わり，アップデートが必要な情報も含まれている可能性があることを，あらかじめお断りしておく。

3.1 タイ国境の経済特区構想

　タイの国境（12地域を想定）に経済特区を設定するという構想は，2013年1月からタイ政府の閣議レベルで検討が始まり，7月にはその検討体制についての規則が定められ，9月にはそれに基づき総理をヘッドとする経済特区開発政策委員会が開催されたが，その後は，タイの2014年5月の軍クーデターもあって検討が進んでいない。そもそも経済特区といえば，特定地域における法人税等の減免・輸入関税免除・ワンストップサービスといった恩典の付与が想起され，ある意味ではタイ投資委員会による投資奨励制度の変更に伴うゾーン制廃止の振り替わりとも考えられるが，その恩典の内容もまだ決まっていない。

　タイの国境地域を見わたした場合，経済特区を設定するのにふさわしい産業の集積が存在するのはタイ中部でミャンマーと接しているメソトである。ここには，ガーメント，繊維，食品加工などの労働集約的な工場が数多く立地し，2万人以上のミャンマーからの移民労働者が働いている。なぜここに労働集約的生産基地があるかといえば，ミャンマーからの低賃金移民労働者を活用できたからであり，2003年にミャンマーが米国から輸入禁止の経済制裁を受けた時にヤンゴンで大量に発生した失業者が，そこから最も近い国境のこの地に移動してきたという経緯もある。ところが，ここにきて2013年1月から移民労働者にも最低賃金300バーツが適用されるという状況に直

面して，いくつかの工場は閉鎖され，もしくは他地域へ移転する事態に至っている。

　メソトにおける経済特区の設定は，当初からパイロット事業としてタイ政府による検討事項にあげられているが，果たして，今の労働集約的な生産基地をそのまま温存することが目的なのか，それとも労働集約的な生産過程をミャンマー側に移して生産の高度化（たとえば繊維であれば，単純な縫製からデザイン，ファッション，品質管理等への転換）を図ることが目的なのか――公式文書ではAECに対応した貿易・投資の促進が協調されていることから，後者が目的であることが推測される。これまで検討されてきた，メソト空港の滑走路拡張，ミャンマー国境との第二架橋の建設や日帰り・季節労働者の入国制限の緩和策なども，メソトから東西経済回廊に沿ってミャンマー側にサプライチェーンが展開されることに資するものと考えられる（ミャンマーからの日帰り労働者受入れは，労働力不足に悩む既存工場の温存策にもみえるが，将来的に工場をミャンマー側国境に移転させた場合に継続雇用を可能とするものでもある）。

3.2 ミャンマー国境：ミャワディ・パアン

　メソトから東西経済回廊沿いにミャンマー側に進むと，その国境にミャワディが，さらにその先の約180km先にカレン州の州都パアンがある。ミャワディには，通関・入管・検疫を担うシングル・ウインドウとして貿易ゾーンが2008年より開設され，そのすぐ西側に工業団地（約500ha）が造成中で2015年には開設される見込みである。またパアンには，すでに工業団地（約400ha）が2011年から開設されていて，縫製工場などいくつかの工場がすでに稼働している。パアンは現在電力不足が深刻で工場は自家発電でまかなわれているが，近々モーラメインに建設される発電所から送電を受けるという話がある。

　この回廊にそって2つの動きがある。1つは貿易の活発化である。メソト

税関で把握できる対ミャンマー国境貿易額（輸出と輸入の合計）は，2012年は前年比82％増（2010年7月～2011年12月間の国境ゲート閉鎖の影響を含む），2013年は同17％増と著しい増加傾向にあり，2013年の総額で約15億ドルに達している。とくにタイからのガソリン，ビールなどの輸出が圧倒的に多く，この国境ゲートのタイの対ミャンマー輸出全体に占める割合は2013年で約4割に達している。今後，ミャンマーの所得水準の向上に伴い，ヤンゴンなどの大消費地に向けて，衣服，ビール，日用品といった消費財のタイからの輸出が，この国境を通じてさらに増加していく可能性があり，メソト・ミャワディの物流基地としての役割が大きくなるかもしれない（2008年のサイクロン被害でヤンゴン港が機能停止した際にこの貿易ルートが注目された経緯がある）。2つは，投資（タイからのサプライチェーンの形成）への兆し・関心である。すでに述べたタイにおける最低賃金の上昇による賃金格差の存在に加え，特恵関税の適用の相違（EUはミャンマー対し2013年7月に適用済みで，タイに対しては2015年1月に適用を除外）を背景に，メソト製造業を中心にその労働集約的生産工程をミャワディ・パアンに移管することに関心を示し，視察・現地調査を行う企業が出てきていることである。ミャンマー側にとっても少数民族を抱えるこれら地域に工場が立地されれば雇用の確保につながるので，基本的には歓迎する姿勢であり，両国にとってWin-Winの動きである。

　このような回廊に沿った貿易・投資の動きを確実にするため，どうしても克服すべき課題がある。1つは，ミャンマー側における経済特区（SEZ）制度のミャワディ・パアンへの適用である。タイからの生産工程移管の最大のポイントは，移管先で保税加工──すなわち加工に必要な一切の原材料，部品，設備等を無税で調達できること──ができるかどうかであり，これを可能にするのが経済特区である。新SEZ法はすでに2014年1月に公布され，その細則は年内に策定されるとのことであるが，今のところ上記地域への適用は検討対象にはなっていない。少数民族によるカレン州自身が，国の制度の

適用にそれほど積極的でないことも影響しているのかもしれない。しかしながら，SEZ制度のような工場進出受入れの受け皿整備が遅れてしまうと，せっかくメーソットに今現存する産業の集積が，タイの中心部やカンボジアなどその他の近隣国に移転してしまう可能性（すでにその動きが一部に出ている）は否定できず，そうなってしまった後で，全く新たにミャンマー側に産業の集積をつくりだすことは容易ではない。タイからのサプライチェーンが「東西回廊」に沿ってミャンマー側に延伸してくること―究極的にはたとえば中心部のヤンゴンまで繊維回廊ができるなど―は，ミャンマーの全体の発展のためにも大きな意味をもつと考えられ，そのためにもSEZ制度の国境地域への早期適用が望まれる。

　2つは，ミャワディ・パアン間の道路の改善である。JETROが2012年に行ったトラックの実走実験[9]によると，タイ・アユタヤからミャンマー・ヤンゴンまでの870kmの所要時間は68時間であったが，この内のトラックの待機時間は半分以上の35時間であった。この原因は，国境ゲートの開門時間に制限（朝6時〜夜6時）があること，ミャワディより西の内陸部にあるコーカレイクまでの区間44kmは急峻な山道で日替わり一方通行の区間であること（図表4の「旧ルート」）であった。また，この区間の平均速度は時速18kmと他の区間の半分以下であった。この現在日替わり一方通行になっている区間については，バイパス道路（図表4の「新ルート」28km）がタイの資金協力により建設中で2015年には完成するといわれており[10]，これと併せてゲートの開門時間などのロジスティックが改善されれば，東西経済回廊に沿ったタイからのサプライチェーンの延伸にも道も開けるかもしれない。

　3つ目の課題は，実際にミャワディ・パアンへの工場進出が実現する段階

---

(9)　日本貿易振興機構（2013）から引用。
(10)　バイパス道路に関する情報は，上図とともに，The Daily NNA（2013）に基づく。

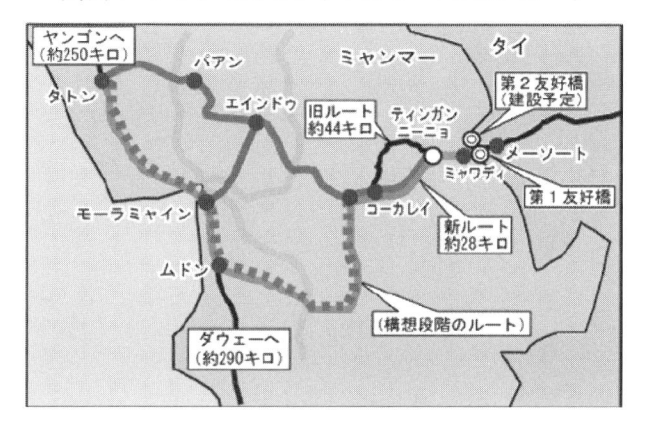

図表4　メソト-ミャワディ-パアン-ヤンゴンルート

出所：The Daily NNA（2013年）から抜粋。

になった時のミャンマー労働者の確保とその技術の習得である。まず，ミャワディとパアンの工業団地について，工場進出が進んだ場合の労働力の需要と供給を簡単に試算してみよう。工業団地の敷地面積は，両工業団地を併せると約1,000haで，これに労働集約産業がフルにはり付くとすると，メソトの労働密度の類推から約20万人の労働需要が将来的には発生することになる。一方，供給側は，ミャンマー全体の労働力人口（約3千万人）は，今後10年間に，過去と同じ伸びを想定すると，新たに8百万人の労働力が生まれる。ミャワディ，パアンを含むカレン州の人口比は3％程度なので，移民の帰還を考慮に入れなくても20万人程度の労働供給は可能な計算となる。こうした新たに生まれるミャンマー労働者に対して，どのようにして工場労働者としての技能を習得させるかが大きな課題となる。すでに述べたように，タイ側国境のメソトにいくつかの職業訓練校があり，なおかつ当地域にある企業と提携して訓練生に対して工場の現場でオンザジョブ・トレーニングを提供している。パアンにも職業訓練校があるので，こうしたメソトの職業訓練校と共同して，共通カリキュラムの作成やトレイナー・トレイニーの

相互交流を行うことが重要である[11]。

3.3 ミャンマー国境：ティキ

　ティキ地域の開発は，大規模プロジェクトであるミャンマー・ダウェイの開発に先立つパイロット事業として，ダウェイとバンコクを結ぶ南部経済回廊上のミャンマー側の国境ティキに，タイのディベロッパー企業のアマタが工業団地を開発するという構想である。この開発の最大の魅力は，ティキの位置がバンコクから170km，ラムチャバン港から300kmと，タイの自動車産業を中心とする産業集積と深海港に極めて近いことであり，自動車のシート製造などの労働集約的な生産工程を賃金の安いミャンマー側に移管するのに最も便利な場所に位置していることである。

　報道発表[12]によれば，2015年半ばには最初の工場が稼働する見込みとされているが，ここの開発についても最大の課題は，保税加工を可能にする経済特区制度の適用である。すでにミャンマー政府には申請済みであるが，少数民族との停戦協定が遅れていることもあって最終決定には至っていない（2014年8月時点）。また，開発を進めるに際しては，進出する企業が，タイに在住するミャンマー移民を含めていかに労働力を確保するか，そのスキル習得をいかに行うかについても重要な課題となる。

3.4 最近注目のサヴァナケット

　サヴァナケット経済特区は，タイ・ラオス国境のラオス側に位置し，ベトナムのダナン港につながる東西経済回廊の要所にあり，タイ側とはメコン川を挟んで第二国際友好橋（日本の円借款の協力を得て2006年12月に開通）でむすばれている。この特区は2003年に開設され，現在はA・B・C・Dの

---

(11)　すでに，タイ・ミャンマー両政府と国際NGOの協力により，基礎的な技能習得を中心に両地域の職業訓練のコラボレーションが実施されつつある。
(12)　バンコクポスト2013年9月16日

ゾーン（計954ha）で構成され，すでに43企業（2013年7月時点）が稼働済みもしくは進出を決定している。特区として期待される法人税等の減免・輸入関税免除（保税加工）・ワンストップサービスなどの要件はほぼ満たされていて，最低賃金水準もタイの3分の1程度である。この特区は，日系の大手カメラメーカーが2013年にタイの分工場を設立したことを契機に注目を集めており，関連するサプライヤーの動きに関心が集められている。ラオス人労働者はタイ語が理解できるという利点はあるものの，最大の課題は，タイにおけるラオス人移民の帰還も含めて，人口密度が低い当該地域でいかに労働力を確保するかという点である。

3.5 着実に進むポイペト・ココン

　ポイペト・ココンの両経済特区は，タイ・カンボジア国境のカンボジア側に位置し，それぞれ南部経済回廊の要所にあり，ポイペトはラムチャバン港から250km，バンコクから300km，ココンはラムチャバン港から330km，バンコクから400kmである。両特区は2006年に開設され，2014年1月時点では，ポイペトは467ha規模でアパレルメーカ1社が，コッコンは335ha規模でワイヤーハーネス，スポーツ用品，アパレル，自動車等のメーカー数社がそれぞれ稼働している。特区として期待される法人税等の減免・輸入関税免除（保税加工）・ワンストップサービスなどの要件はほぼ満たされていて，最低賃金水準もタイの4分の1程度である。とりわけ両特区は国境から2km範囲内ということで，同じトラックで両国間を行き来できる（トラック積替えは不要）というメリットがある。両特区の課題は，とくにポイペトで国境地点の混雑が激しく旅客・貨物のデマケと新たなチェックポイントが必要であること，両国でトランジット輸送の枠組みが確立されていないこと（両特区で生産された製品をタイのラムチャバン港から輸出する場合，カンボジア製品とみなされず，よって特恵関税の適用が受けられない）などの問題点があげられる。

4 おわりに

　この章では，メコン経済圏におけるタイ＋ワンに位置付けられている国境地域について，そこでビジネスを行うことの魅力や克服しなければならない課題について述べてきた。国境地域は，メコン経済圏のバリューチェーン延伸のゲートウェイとなりうる可能性を秘めている。ただし，カンボジア，ラオス，ミャンマーの周辺後発国にとっては，国境地域だけに労働集約的な生産工程が移管されても，それは発展の1つのきっかけにはなっても，それだけでは発展の起爆剤とはならない。国境開発を周辺後発国の発展につなげていくためには，国境と中心都市との経済回廊をいかに形成していくか，国境開発ではぐくまれた技術を活かしていかに産業のグレードアップと現地化を図っていくか，実在する地場産業をいかにバリューチェーンのなかに組み入れていくか，などの長期的課題に取り組んでいく必要があろう。

【参考文献】

木村福成（2003）「国際貿易理論の新たな潮流と東アジア」『開発金融研究所報』14号

田口博之（2013a）「国境開発：企業にとっての魅力と課題（タイ-ミャンマー国境を例に）」『企業診断』9月号

田口博之（2013b）「国境工業団地―バリューチェーンのゲートウエイ」JCC（11月号）

田口博之（2014）「タイの経済特区構想と周辺国の国境工業団地（雑感）」JCC（5月号）

JETRO（2013）「東西回廊・西側ルートを経由したバンコク-ヤンゴン間陸路輸走調査」4月

JETRO（2014）「第24回アジア・オセアニア主要都市・地域の投資関連コスト比較」5月

Taguchi, H. and Tripetch, N. (2014) The "Maquila" Lessons and Implications to

Thai-Myanmar Border Development", *International Journal of Asian Social Science*, 4(3), pp.392-406.
The Daily NNA（2013）「東西経済回廊，15年全通へ：タイ・ミャンマーの最前線（5）」

田口博之

第4章 地域補完型工業化でラオスは発展する
―タイ+ワン・チャイナ+ワンの進化―

1 はじめに

　王国政府軍とパテート・ラオ軍の長く続いた内乱は，1975年12月2日，パテート・ラオ軍の勝利で終結し，ラオス人民民主共和国が成立した。新政権は，産業の国有化と集団化を通じて計画経済に邁進してきたが，干ばつなどの天候の不順による農業生産の落ち込みは致し方ないにしても，計画経済がもたらす慢性的な生産効率の悪さ，低い労働生産性，不適切な資源配分などにより経済の低迷は著しく，革命後わずか10年足らずで革命の父カイソーン・ポンヴィハーンラオス人民革命党書記長は市場経済メカニズムの導入を決意する。その大きなきっかけとなったのが，1986年2月に開催された第27回党大会におけるゴルバチョフソ連邦大統領が主導したペレストロイカである。同年11月にはラオスが第4回党大会でチンタナカーン・マイ（新思考）と呼ばれる改革に乗り出し，同年12月にベトナムがドイモイ（刷新）に着手した。アジア熱帯社会主義国は，社会主義の看板を下ろさずに市場経済に乗り出すという政経分離主義路線を踏襲した一方，共産党を否定する形で市場メカニズムを導入し，結果的に内乱に突入せざるを得なかった東欧諸国のいわゆるショック療法のもたらした歴史と比較すると，政治の安定性なくして経済の発展はありえないことを証明したように思われる。チンタナカーン・マイでは，国有企業改革や，複数為替レートの一本化，中央銀行と商業銀行の分離による銀行制度の改編，外国投資法の制定による外資導入の積極化などを通じて，特に経済面における規制の緩和と自由化が進められてきた。1989年のベトナム駐留軍のラオスやカンボジアからの撤退や1992年のカンボジア和平協定の成立によりインドシナ諸国の和平が進展したことで，アジア開発銀行が大メコン圏開発プロジェクト（GMS）に着手することになる。カンボジア，ラオス，ミャンマー，ベトナム，タイ，中国雲南の5か国1地域を1つの市場として形成すべく，東西経済回廊や南北経済回廊，南部経済回廊の建設が始まり，「戦場から市場への転換」が現実化した意義

はこの地域の発展にとって意義深い。

1997年にはASEANに加盟し，地域経済統合の枠組みに入ることで，ラオスは諸外国との国際関係の改善が進む。2004年，アメリカと通常貿易関係（NTR）が成立，同国を含む42か国より特恵関税制度（ラオス製品の輸入関税が免税等となる優遇制度）が賦与されている。投資の保護と奨励を謳った日・ラオス投資協定は，2008年に締結され，ラオスの投資環境は大幅に改善されている。

2013年に，初の日系経済特区としてラオス中部のサワンナケート県にサワン・ジャパン経済特区が着工，ニコンラオや光陽オリエントが入居した。サワンパーク経済特区にはトヨタ紡織などが入居，ヴィエンチャンのVITAパーク経済特区には三菱マテリアルMMCエレクトロニクスが入居したことで，いまラオスが日本企業の投資先として注目を浴びるようになった。本稿では，まず日本の対ラオス投資について現状を説明する。続いて，なぜいまタイ+ワンとしてのラオスなのか，チャイナ+ワンなのか，その理論的メカニズムと日本投資の関係について開発途上国の立場から考察を行いたい。

2 タイ+ワンを加速させるマクロ環境の変化

2.1 日本の対ラオスODAを超えた日本の対ラオス投資

日本の対ラオス投資は，登録資本ベースで2012年の2800万ドルから2013年には2億5506万ドル（15件）に9.2倍に激増した。2014年の日本の対ラオス投資は，2億5168万ドル（16件）に上ったが，前年と比べて件数では同数，登録資本額ではわずかながら減少（1.3％）したが，ほぼ前年比横ばいの水準を達成したといってよい。しかし2012年と比べると，2014年の日本の対ラオス投資もまた9.1倍に大幅に増大している（図表1）。

図表1　日本の対ラオス投資（登録資本・件数）と日本対ラオスODA

	2012	2013	2014	日本ODA 過去5年平均
登録資本額	$27,683,000	$255,060,000	$251,681,251	$44,584,000
増加率（前年比）		821.4%	-1.3%	
投資件数	20	15	16	

出所：聞き取り調査より筆者作成

　日本の対ラオス政府開発援助いわゆるODA[1]は，筆者が在ラオス日本国大使館に勤務を始めた翌年の1991年より今日に至るまで連続してトップドナーの地位を占めてきた。$1=100円として過去5年間の日本のODA（＝無償資金協力＋技術協力）をドル換算すると，年平均4500万ドルとなる。2012年の日本の対ラオス投資が2800万ドルに過ぎなかったので，ODAを大幅に下回っていた（図表2）。しかし2013年の日本の対ラオス投資は2億5506万ドル，2014年のそれは2億5168万ドルであるから，4500万ドルのODAを大幅に上回るようになり，ラオスは援助から民間投資の時代に入ったといってよいかもしれない。

　業種別に2014年の日本の投資を見ると，製造業が8件（50%），サービス業3件（19%），農林業2件（13%），輸送1件（6%），銀行・金融1件（6%），水力発電1件（6%）の計16件である（図表3）。

　地域別に日本の投資を見ると，依然として首都ヴィエンチャンに8件と最も投資が集中（50%）しており，次いでサワンナケート県5件（31%），チャンパーサック県2件（13%），フアパン県1件（6%）となった（図表4）。経済特区のインフラが充実してきたサワンナケート県とチャンパーサック県への投資が，今後ますます増大していくと推測される。

---

(1) ODAは，無償資金協力と技術協力および有償資金協力の3形態からなる。前2者は返済を必要としない援助である。ここでは有償資金協力を除く無償資金協力と技術協力を合わせてODAとしている。

図表2　日本の対ラオス投資：登録資本・件数

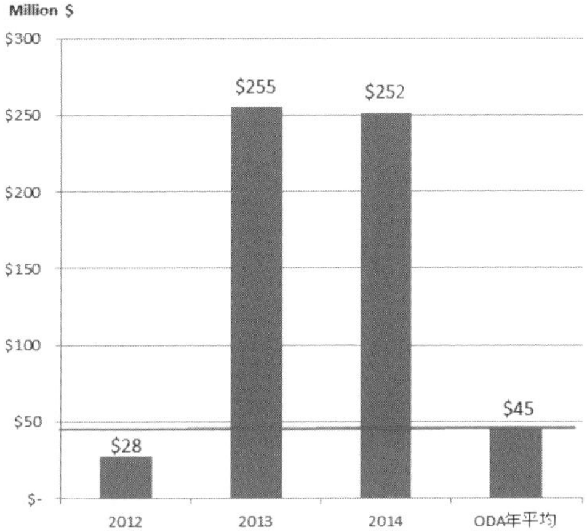

(注)　日本のODAは，$1=100円として換算。
出所：聞き取り調査より筆者作成

図表3　日本の対ラオス投資：業種別

業　種	2012年		2013年		2014年	
	件数	％	件数	％	件数	％
製造業	8	40.0％	4	26.7％	8	50.0％
サービス	4	20.0％	6	40.0％	3	18.8％
農林業	6	30.0％	2	13.3％	2	12.5％
輸送	1	5.0％	1	6.7％	1	6.3％
銀行・金融	1	5.0％	1	6.7％	1	6.3％
水力発電			1	6.7％	1	6.3％
合　計	20	100.0％	15	100.0％	16	100.0％

出所：聞き取り調査より筆者作成

2.2　タイの産業集積：生産費の低下

　タイにはおよそ8000社の日本企業が進出している。自動車関連産業でみると，タイでは1962年にトヨタが進出して以来，日産・ホンダ・マツダ・三菱・スズキ・いすゞ・日野・ヤマハ・カワサキの日系組立メーカー10社が操業，これらに部品を供給するサポーティング・インダストリー（サプラ

図表4　日本の対ラオス投資：県別

県　名	2012年		2013年		2014年	
	投資件数	%	投資件数	%	投資件数	%
首都ヴィエンチャン市	10	50.0%	8	53.3%	8	50.0%
サワンナケート県	3	15.0%	3	20.0%	5	31.1%
チャンパーサック県	3	15.0%	2	13.3%	2	12.5%
シェンクワン県	1	5.0%	1	6.7%		
カムアン県	1	5.0%	1	6.7%		
ヴィエンチャン県	1	5.0%				
ボリカムサイ県	1	5.0%				
フアパン県					1	6.3%
合　計	20	100.0%	15	100.0%	16	100.0%

出所：聞き取り調査より筆者作成

イヤー）は，約2350社に上ると言われている。ソニーやパナソニック，日立，東芝などの組立家電産業においても同様の産業構造の集積がタイに確立している。このことは，大手組立企業が1社でも進出を果たした国には，それをサポートする部品産業の集積が生まれることを意味する。換言すれば下請け部品産業の進出なくして大手組立企業の操業もまたありえない。このようにいわゆる「アンカー企業」と呼ばれる大手組立企業の誘致に成功してきたのが，タイである。サプライヤーは大きな顧客である得意先の要求に正確かつ迅速に対応するためにも基盤企業（産業クラスターの核となる企業）の近くに立地しようとする（平塚 2006）。なぜなら集積の利益によりある地理的境界線内への経済活動の集積が大きくなるほど生産コストが低下する，あるいは集積の中心に近いほど生産コストが低下（木村 2003）するからである。

2.3 マイナスの凍結効果

　産業集積が形成される過渡的な段階においては，「集積の経済」によってその立地空間に個別企業を引き留めたり，新たな主体を引き寄せたりして，集積の成長を促進する「正の効果」を持つとされる。すなわち集積が集積を

呼び生産費の低下をもたらす「正の凍結（ロックイン）効果」が生じると，Arthurが提唱した（Arthur 1994）。しかし集積が過度に進み過ぎると，逆に産業集積は混雑が発生する時がくるに違いない。Scottは，1970年代後半と80年代前半に多くの研究者や政策策定者が，第3世界の多くで過度の集積から生じる深刻な不経済に苦しんだという報告を紹介している（Scott 2002）。バンコク周辺地域では，慢性的かつ深刻な交通渋滞と大気汚染の悪化，スラムの形成や犯罪の増加で都市環境が悪化している。これを「負のロックイン（凍結）効果」と呼ぼう。

2.4 高付加価値産業への転換

　タイは低廉労働を立地優位として，また労働運動を厳しく管理・規制することで労働集約的な外資の誘致を進めてきた。日本の本格的なタイ進出は，プラザ合意により円高が急速に進んだ1985年からで，その年の最低賃金は70バーツ/日であった。その後賃金は徐々に上昇し，これが国民の所得の増大をもたらし，教育への投資を高め，それがタイの労働者の質を向上させ，産業集積の深化を陰ながら支えてきた（鈴木2008）。また最低賃金の引き上げを選挙公約とし貧困層からの票獲得で選挙に勝利してきたタクシン元タイ首相は，低付加価値の労働集約的な産業から脱皮し，より付加価値の高い産業への転換を産業政策の主要な柱としてきた。

2.5 地域格差賃金制から全国一律賃金制へ

　タイでは，発展段階により地域別の最低賃金が決められてきたが，2012年4月1日よりバンコク周辺地域の最低賃金が300バーツ/日に引き上げられた。2013年1月にはタイのすべての地域における最低賃金がバンコク周辺地域と同額の300バーツ/日に2倍近くに一律引き上げられた。全国一律最低賃金制度の導入により，しかも大幅な引き上げにより，バンコク周辺地域のマザー工場に基幹設備を集中させ，国内遠隔地に第2工場を設立し労働

集約的な工程を移転させた一国内分散立地方式は，国内賃金格差が消滅した今，所期の目的を喪失してしまった。加えて都市と農村の賃金格差の解消により，出稼ぎ労働者の地方都市への帰還が始まり，これが大都市周辺地域における工場の離職率をさらに高める結果となっている（鈴木 2013）。

2.6 2国間賃金格差

ラオスの月額最低賃金は，62万6000キープ，約78ドルである。タイの最低賃金が1日300バーツとなったので，月26日勤務として約244ドルとなる。最低賃金で単純比較すると，タイはラオスの3.1倍高いことになる。筆者の在タイ日本企業に対する工場賃金調査によれば，両国の工場とも，皆勤手当てや食事代，交通費などを支給しているが，ラオスでは，賞与，永年勤続手当，シフト割増金，教育補助金，医療補助金，出産手当，死亡手当，住宅手当，生活補助金，図書館・体育館維持費などの直接・間接費は支払われていない。最低賃金にこれらの手当てを含めたタイの直接・間接労務費は，実にラオスの4.3倍高いことになる（鈴木 2008）。

3 日系企業の地域補完型工業化戦略

3.1 地域補完型工業化戦略とGMSプロジェクト

Suzuki and Keolaにより，タイや中国のような経済発展段階のより高度な中心諸国との大きな経済格差が存在するカンボジアやラオス，ミャンマーが，むしろその経済格差を利用して経済発展の道が開けるという「地域補完型工業化戦略」が提唱されたのが，2005年である（Suzuki and Keola 2005）。最近では，タイ＋ワンやチャイナ＋ワンという名称が使われるようになってきたが，その大きな違いは，前者はカンボジアやラオス，ミャンマーを基点として見た経済発展戦略である一方，後者はタイや中国，ベトナムといった中心国の観点から見た域内事業展開戦略である。タイや中国，ベトナムには

産業が集積し，1人当たりの所得が相対的に高いが，カンボジアやラオス，ミャンマーには産業の集積が乏しく，インフラが未整備で1人当たり所得が低い。ところが1992年のカンボジア和平合意の成立をうけてインドシナ地域の平和の実現とカンボジア復興が軌道に乗り，「戦場から市場に」転換するために，1992年にアジア開発銀行が「拡大メコン経済圏プロジェクト」（Greater Mekong Sub-Region：GMS）に着手し，東西経済回廊や南北経済回廊，南部経済回廊が建設され，メコン川流域のタイ，ベトナム，ラオス，ミャンマー，カンボジア，中国雲南の5か国・1地域が一つの市場として形成されるようになってきた。

3.2 タイ＋ワンの基本形態

　自動車やカメラや携帯電話，VTRなどのハイテク商品は数多くの軽量部品から組み立てられているが，その生産工程は必ずしも資本集約的に生産されているわけではない（Suzuki 2010）。むしろ数多くの部品は，資本集約的な生産工程と労働集約的な生産工程を連結させたモジュールを経て，生産される。たとえば自動車用ワイヤーハーネスでいえば，電線を切る切断工程（Cutting），圧着（Crimping），ジョイント（Jointing）工程，準備完了工程（Offsetting Completion）の前工程（Pre Assembly）と，サブアッセンブリー（Sub Assembly），配索（電線を這わせる）（Layout/Wire Routing），結束（テープ止め）（Assembly Taping），検査（Inspection）の後工程（Final Assembly）に分かれる。図表5では，単純化のため2つの資本集約的な前工程（PB1およびPB2）をタイで，2つの労働集約的な後工程（PB3およびPB4）をラオスに国際分散立地したケースが図示されている。材料はすべて産業集積に立地するタイ・マザー工場からラオス第2工場へ輸出される。この際ラオス政府は加工部品が全量輸出されるため輸入関税を賦課しない。輸入した材料を加工・組立・検査してできあがった部品を，保税扱いでタイ国内を経由して全量，世界市場へ輸出する。あるいはタイ国内で販売し

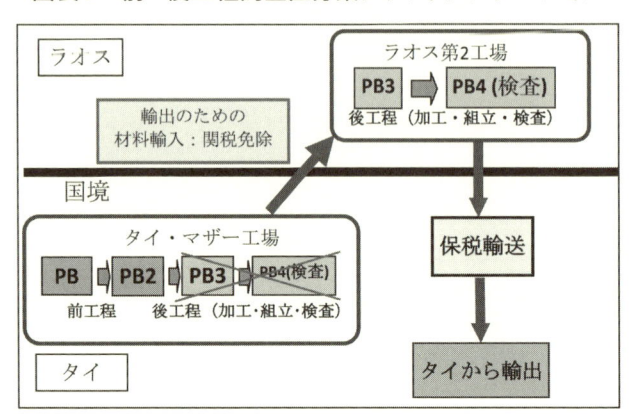

図表5　前・後工程間垂直分業フラッグメンテーション

出所：鈴木（2009）

てもよい。これが地域補完型工業化戦略すなわちタイ＋ワンの基本形態である。もしマザー工場が中国に立地し，第2工場をラオスに建設すれば，チャイナ＋ワンと呼ばれる。

3.3 タイの組立メーカーへ納入

　資本集約的な生産工程（前工程）をタイ・マザー工場で，労働集約的な後工程をラオス第2工場に分散立地して加工するまでは，図表5と同じであるが，ラオス第2工場で加工された部品が，タイの組立メーカーに輸出されるケースを，図表6に示す。タイの産業集積で操業する組立メーカーは，この部品を装備した製品を世界市場へ輸出するか，タイ国内市場の中で販売する。ラオス南部のサワンナケート県に建設されたサワンパーク経済特区で操業するトヨタ紡織はこのタイプである。

3.4 ブーメラン垂直分業型フラッグメンテーション

　ブーメラン型垂直分業フラッグメンテーション（国際分散立地）は，前工

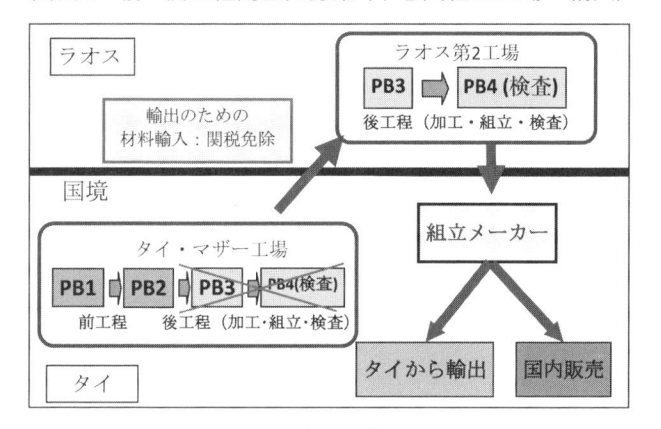

図表6　前・後工程間垂直分業（中心国組立工場へ納入）

(注) PB：Production Block（生産工程）
出所：鈴木（2009）

程をタイ・マザー工場において，後工程のうちラオス第2工場で加工と組立を行った後，最終工程（検査等）をタイ・マザー工場にもう一度戻すという形態をとる（図表7）。ラオス第2工場から送られてきた加工部品をタイ・マザー工場が検品し，世界市場へ輸出する。Tokyo Coil (Laos) 社やAsahi Maxima (Laos) 社のタイ・マザー工場がこのタイプに相当する。矢崎総業が技術提携しているVientiane Automation Product社もまた最終工程である検査工程を，タイ・マザー工場へ再び戻して行ったのち，タイ・マザー工場からタイの産業集積において操業する組立メーカーにこの部品を販売している。歯科用ドリルなど医療用器具を生産するMANIラオス社は，資本集約的な工程をベトナムのハノイ近郊にマザー工場をもち，労働集約的な後工程をラオスで行い，最後の検品をベトナムに再び戻し，ベトナムから世界に輸出している。

3.5 ニコンラオのタイ＋ワン戦略

2014年11月，アユタヤにあるニコンタイランドのロジャナ工場は1.7メー

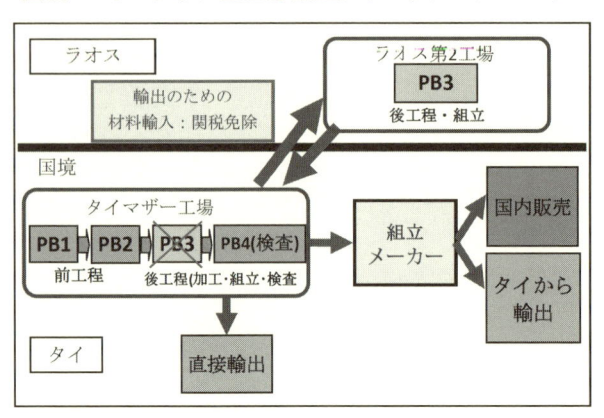

図表7　ブーメラン垂直分業型フラッグメンテーション

（注）PB：Production Block（生産工程）
出所：鈴木（2009）

トルもの高さまで水没し，工場1階部分は壊滅状態と化した。この被災により，石橋を叩いても渡らないと言われるニコンの経営陣が，タイ＋ワンの戦略に駆り立てられることになったことは想像に難くない。ニコンのタイ＋ワン戦略とは一体どんなものか。

　一眼レフの後工程は大きく分けて4つのコンポーネントの組立からなるという。これまですべてロジャナ工場で組み立てていたものを，A，B，Cの3コンポーネントをラオスの中部サワンナケートで組み立て，ロジャナ工場に再び戻し，最後のDを装着して一眼レフが完成する（図表8）。

　2012年9月13日，ニコンタイランドの村石社長（当時）はラオス首相府においてソムサワート・レンサワット副首相を表敬し，ニコンのサワンナケート進出意向を伝えた。ソムサワート副首相は「ニコンはなぜ後工程のすべてをラオスで組み立てないのか」と問うたところ，村石社長は「20年前にタイに進出し，メードインジャパンがメードインタイランドになると，カメラの売れ行きが激減」したという。したがって当面は最終工程をロジャナに戻し，メードインタイランドとして販売する必要がある」とブランドイ

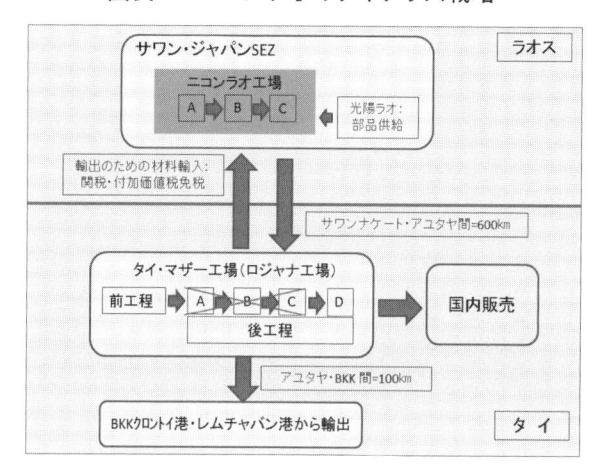

図表8　ニコンラオのタイプラス戦略

```
┌─────────────────────────────────────────────┐
│  サワン・ジャパンSEZ                    ラオス │
│  ┌─────────────────┐                        │
│  │ ニコンラオ工場    │   光陽ラオ：          │
│  │  A → B → C      │→  部品供給            │
│  └─────────────────┘                        │
│   ↑↓                                         │
│  輸出のための材料輸入：                      │
│  関税・付加価値税免税                        │
│                                              │
│        サワンナケート・アユタヤ間=600km      │
│   ↑↓                                         │
│  タイ・マザー工場(ロジャナ工場)              │
│  ┌─────────────────┐                        │
│  │ 前工程           │                        │
│  │  A → B → C → D  │ →  国内販売            │
│  │     後工程       │                        │
│  └─────────────────┘                        │
│           アユタヤ・BKK間=100km              │
│   ↓                                          │
│  BKKクロントイ港・レムチャバン港から輸出  タイ│
└─────────────────────────────────────────────┘
```

出所：筆者作成

メージの重要性について回答された。

　技術的にも理由がある。一眼レフは2ヶ月ごとに新製品が生まれるという。日本から基本設計がロジャナ工場に届き，短期間で必要なラインを設置するには，ロジャナ工場が立地の要となる。アユタヤとサワンナケートは600キロメートル，そしてアユタヤからバンコクの港まで約100キロメートルと近い。あくまでもタイ・ロジャナ工場はニコンの基点としての地位に揺るぎはない。

　ニコンのタイ＋ワン戦略に死角はないのであろうか。サワン・ジャパン経済特区内[2]のニコンラオ工場に隣接する光陽ラオは，5つのカメラ部品をニコンに供給している。2つの工場は50メートルと離れていないので物流コストがほとんどゼロに近い。ニコンのタイ＋ワン戦略を成熟させるにはさら

---

(2)　ラオスには10の経済特区が設立あるいは建設の途上にある。最初に設立された経済特区がサワン＝セノ経済特区である。サワン＝セノ経済はゾーンA，ゾーンB，ゾーンC，ゾーンDの4プロットからなる（Suzuki 2011）。

に数多くの部品工場がニコンラオの周辺に進出しなければならない。しかし，同経済特区のインフラ整備にはまだ時間がかかるため，サプライヤーの進出にはもう少し時間がかかるであろう。

3.6 製品差別化による水平分業

　縫製品や，帽子などの生産は，前工程と後工程という垂直分業の仕方ではなく，突然のオーダーや納期の短いオーダー，運搬に不効率な厚い重たい生地をベースにするもの，傷つきやすい高価なアクセサリーを装飾する衣類，技術レベルの高い製品（商品1）の生産はタイのマザー工場で行う一方，流行に左右されにくい相対的に標準化したデザインのリクルートスーツや下着，靴下などの納期に追われることが少ない衣類の生産は，ラオスの第2工場で生産する（図表9）。また手編みなど高度に労働集約的な製品をライン丸ごと移転することも可能である。このタイプの水平分業では，タイ・マザー工場からラオス第2工場へ材料が輸出される委託生産方式がとられていることが多い。ラオス政府は加工部品が全量輸出されるため輸入関税を賦課しない。輸入した材料を加工・組立・検査してできあがった製品を，タイを保税扱いで経由して全量世界市場へ輸出する。ラオ山喜（Yシャツ）やサンテイ・ラオ（婦人服），KBヤギ（紳士服），愛津アパレル（縫製），Creative Business（子供服），Craft Industry（靴下），ユニバーサル・ハット（帽子）など多くの縫製企業がこのタイプに相当する。サンテイ・ラオ社は，タイではなく中国河北省黄石市に従業員7000人のマザー工場をもつが，賃金の上昇とミシン工の確保が困難となりつつあるため，ヴィエンチャンに現在3工場を操業するまでにラオスの役割が増大している。

3.7 特恵関税

　一般特恵関税制度（Generalized System of Preferences：GSP）は，開発途上国の輸出所得の増大，工業化と経済発展の促進を図るため，開発途上国

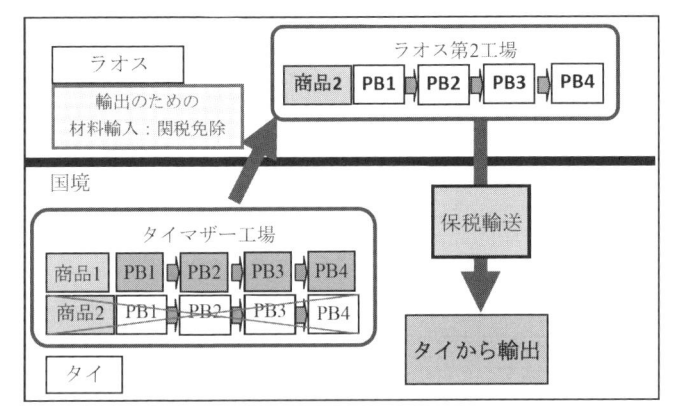

図表9　製品差別化水平分業型フラッグメンテーション

出所：鈴木（2009）

から輸入される一定の農水産品，鉱工業産品に対し，一般の関税率よりも低い税率（特恵税率）を適用する制度（東京税関 2014）で，特に国際連合総会の決議で最貧国と定義された後発開発途上国（Least Developed Countries：LDC）に対して輸入関税を免税とする制度である。縫製品（関税率表第62章）に対する従来の日本の特恵関税制度は，（1）綿花→製糸，（2）糸→紡織，（3）布→裁断・縫製の3工程のすべてを後発開発途上国（LDC）で行わないと，同国政府から原産地証明（Certificate of Origin）が発行されないため，日本に輸出されたとき日本の輸入関税免税の対象とならなかった。後発開発途上国（LDC）の産業集積は未発達なため，上記3工程のすべてを同国内で行うには現実的に極めて困難であった。そこで日本政府は，ラオス等の後発開発途上国（LDC）から日本への関税率表HS分類第62章アパレル製品は，3工程のうち少なくとも1工程（布からの縫製）を同国内で行うだけで，LDC特別特恵関税（輸入税0％）の優遇策を付与する制度改革を行った。

　靴の生産については，ポリウレタン製（合成皮革）の靴と，革製の靴で特

恵関税制度が異なる。ポリウレタン製の靴の生産するとき，輸出国がラオスを含むASEAN経済連携協定国（EPA）の場合2.9％，中国から輸出した場合8％，一方，日タイEPAの場合0％（図表10）となるから，むしろ生産拠点はタイにおいた方がよいことになる。

革製の靴の場合，ラオスを含むLDC特別特恵関税率は0％，日タイEPAが6.5％，中国からの輸出が24％（図表11）であるから，ラオスでの生産はかなり有利となる。

図表10 ポリウレタン（PU）製（合成皮革）の靴

	輸出国	税率	備考
1	ラオスを含むASEAN EPA	2.9％（注）	靴底等靴部品も輸出国で生産されることが条件
2	日タイEPA	0.0％	
3	中国	8.0％	

（注）PU靴はタイの税率が0％。しかしASEANのEPAも毎年税率が下がっていき，2018年4月には無税になると見込まれる。
出所：株式会社 馬里奈。岡田浩一氏より提供された資料を基に筆者作成。

図表11 革製の靴

	輸出国	税率	備考
1	ラオスを含むLDC（特恵）	0.0％	靴底等靴部品も輸出国で生産されることが条件
2	日タイEPA	6.5％	
3	中国（TQあり）（注1）	24.0％	
4	中国・イタリア等（TQなし）（注2）	30.0％ あるいは1足4300円の高い方	

（注1）関税割当（TQ）制度は，一定の輸入数量の枠内に限り，無税又は低税率（一次税率）の関税を適用して，需要者に安価な輸入品の供給を確保する一方，この一定の輸入数量の枠を超える輸入分については，比較的高税率（二次税率）の関税を適用することによって，日本国内生産者の保護を図る制度です。
（注2）TQは所定の要件を満たせば，誰でも取得することができる。生産業者ごとに決まっているということではない。ただし年間1200万足という枠があるので，たとえば新規で申請した場合，発給されるのは数百足程度。
出所：図表10に同じ。

靴生産において，上記のLDC特別特恵関税制度を利用して躍進を遂げた企業が，ラオミドリシューズ社とラオ・シューズ社である。2008年に進出

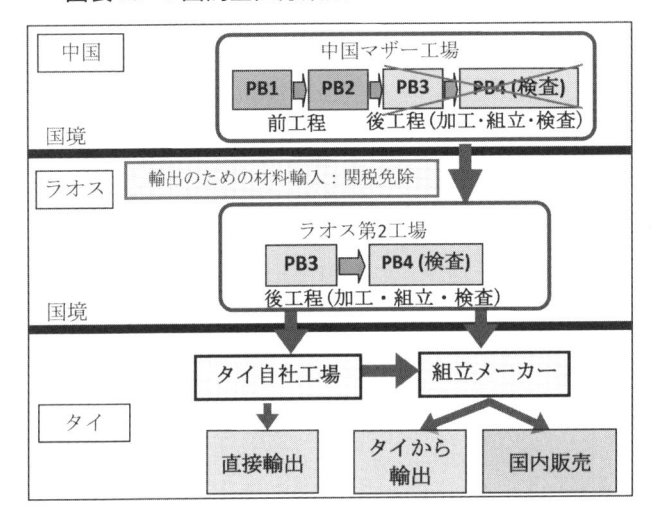

図表12　3国間垂直分業型フラッグメンテーション

```
中国         ┌─ 中国マザー工場 ──────────────┐
            │ [PB1]→[PB2]→[PB3]→[PB4(検査)] │
            │  前工程   後工程(加工・組立・検査)│
国境         └──────────────┬───────────────┘
                           │
ラオス   ┌輸出のための材料輸入：関税免除┐
                           ↓
            ┌── ラオス第2工場 ──┐
            │  [PB3]→[PB4(検査)]│
            │  後工程(加工・組立・検査)│
国境         └────┬──────────┬──┘
                 ↓          ↓
            ┌タイ自社工場┐→┌組立メーカー┐
タイ         └──┬─────┘   └──┬───┬──┘
               ↓        ↓    ↓   ↓
            [直接輸出][タイから輸出][国内販売]
```

出所：鈴木（2009）

したミドリ安全ラオス社は現在第2工場を稼働，寮を併設し，月間離職率をわずか4％まで下げることに成功している。ラオ・シューズ社はチャンマイ工場が生産費高騰のため閉鎖され，現在では中国工場とミャンマー工場そしてラオス工場が稼働している。ラオ・シューズ社では，中国とインドから皮革原料を輸入し，ヴィエンチャンに3つの工場を設立・操業し，生産した靴を特別特恵関税の適用により全量日本へ輸出している。この会社の場合，タイにおける工場操業経験があることが，ラオス進出を容易にしたことに疑いの余地はない。

3.8　3国間垂直分業型フラッグメンテーション

　中国に一貫工場を持っていたTSB社は，賃金等生産費の高騰を受け，相対的に資本集約的な前工程を中国・マザー工場で，相対的に労働集約的な後工程をラオス第2工場に分散立地した。さらに加工された部品をタイの自社

部品工場に輸出するとともに，タイの日系組立メーカーに輸出するという3国間で垂直分業している。

3.9 中小企業専用の経済特区

　タイの工業団地で操業する縫製産業や部品産業の工場のなかには，工業団地に進出したことを真剣に後悔する経営者が少なからず存在することが，筆者の聞き取り調査において印象的だった。工業団地進出後に大手の工場が進出すると，縫製産業や部品産業が育てた優秀なワーカーが大手に流れる。タイトヨタなど組立大手のボーナスは年10ヶ月と他を寄せ付けない。縫製産業や部品産業の手当ては，1ヶ月からせいぜい3ヶ月が精一杯だから大手に到底かなうわけがない。そもそも低廉労働を入手するためにこそタイへ進出したにもかかわらず，賃金の高騰や0.6％という非常に低い失業率，40％を超える離職率では，タイ進出の所期の目的が消滅している。その主な原因は，中間所得者層の拡大というタイの必然的な経済発展の流れと，大手も進出する同じ工業団地内に十分な思慮や警戒感もなく中小企業も進出してしまったことだと受け止められている。同じ工業団地内にブランド力や手当など性質・体力の異なる日本企業が共存するのは難しいからだ（鈴木2014b）。

　この状況を克服するために，中小企業専用の経済特区がラオス南部のチャンパーサック県の県庁所在地パクセーに開発中である。筆者は，この経済特区を「パクセー・ジャパンSME専用経済特区」と命名した。SMEとは「Small and Medium Enterprise」すなわち中小企業のことだ。パクセージャパンSME専用経済特区では大企業の入居は遠慮していただいている。賃金・手当は互いに横並びとし，工場のワーカー数は500人を超えない規模とすることを進出企業の自発的モラルとしている。これは厳格な規則でも法律でもない。自主的なモラルだ。従業員に対し会社独自の魅力的な特徴を出したいのであれば，トイレにウォシュレットを設置し，社員の素敵な孤独の空間を作ればよい。どこよりもおいしいランチを提供したり，社員教育を徹底

図表13　パクセージャパンSME専用経済特区で操業するJAPANTEC

出所：筆者撮影

したらよい。賃金と手当で過当競争すれば大企業が有利となり，中小企業が窒息するというタイ等の工業団地の歴史が証明しているではないか。

　正式な特区としての申請が2014年7月16日に首相府経済特区委員会ブアタ副大臣からトンシン首相に提出され，国会の承認を待っているところだが，パクセー・ジャパンSME経済特区には，すでにJAPANTEC，レオンカワールド，着物のアンドウが操業を開始，順調に輸出を伸ばしている。新電元が2014年9月8日から工場の建設を始め，2015年2月9日に開所式を迎えた。

　JAPANTEC社は1995年タイにPRONEC（本社さいたま市。大成機電販売株式会社）という社名で設立し，パクセー・ジャパンSME経済特区にタイ＋ワンとしてのラオス第2工場を2012年10月に設立した。デジタルカメラに使用されるマグネットコイルを中心とした各種センサー用コイル，及びFPC基板アッセンブリーを製造している。

　レオンカワールド（本社大阪市。フェザー株式会社）は，1989年タイに工場設立。人件費の高騰等の理由で，同特区内に2013年に第2工場を設立，かつらの製造，輸出を手掛ける。これらの2社に共通する特徴は，バンコクにまずマザー工場を操業し，やがて賃金が上がりはじめると第2工場をタイの地方に設立，タイの国内最低賃金の格差を利用して1国内生産分業を行っ

てきた。しかし2013年1月よりタイの最低賃金が全国一律300バーツ/日に上昇した政策変更を受け，タイの地方に設立した第2工場は国内地域格差による賃金節約メリットを完全に喪失したことが，ラオス進出に大きく働いた。

4 おわりに：物流と労働人口

　自然災害が少なく，政情も安定しているラオスの投資環境の問題点とは何か。それは物流と労働の問題であると答える人は少なからずいるだろう。

　ラオスの賃金がタイに比べて安価であるからといっても，バンコクとヴィエンチャンは800キロメートルも離れているから，折角の賃金格差が物流コストに食われてしまうのではないか。鈴木は，タイにおける日系企業を調査し，タイの最低賃金をベースに，皆勤手当てやボーナス，教育手当，図書館・体育館維持費等の直接・間接人件費を加えた合計値を437ドル，ラオスのそれを102ドルと推計した（鈴木 2013）。その結果，最低賃金レベルのタイとラオスの直接・間接人件費の格差は，1ヶ月当たり335ドル（=437-102）と推計した。40フィートコンテナーによるバンコク・ラオス間往復の物流コスト（1350ドル）に輸出入諸経費を加えると，2060ドルとなる。この物流コスト（2060ドル）を，タイ・ラオスの直接・間接人件費格差（335ドル）で割ると「6」（=2060-335）がたつ。月1回40フィートコンテナーで輸出入を行う場合，タイのマザー工場を6人レイオフし，ラオスの第2工場にラオス人を6人雇用すれば，物流コストはカバーされる。それだけではない。ラオス第2工場に7人以上雇用すれば，人件費格差による余剰が内部留保されていく。タイ+ワンの神髄はここに求められるのである。

　バンコクとヴィエンチャンの距離は約800キロメートルと短くはないが，アメリカ東海岸のニューヨークと西海岸のロサンゼルスとの道路距離4,490kmと比較すると，タイ・ラオス間はその5分の1でしかない。つまり

単なる物理的な距離だけで経済活動は語れない。しかしタイ・ラオス間物流の最大の問題は，片荷，すなわちタイから材料・部品をラオスに運搬したコンテナは，帰りの荷がないことが多い。ラオスから製品をタイへ輸出するとき，タイから空のコンテナを運び入れている。このため運賃が下がりにくい構造となっている。こうした片荷の不効率を改善するためには，ヴィエンチャンなどの主要都市にロジスティックパークが建設され，荷物を集約的に取り扱うシステムを構築できることが必須であり，現在JICA支援によりPPP事業を目的としたFS調査がおこなわれている。

もう1つの問題は労働である。ラオスの人口はわずか660万人という小人口であるため，その6割を占める労働人口は400万人と推定される。外国企業の進出の増大に対してこの労働力で果たして足りるのか危惧する声が聴かれるのも事実である（鈴木 2014a）。

あるタイ政府高官は筆者の調査の中で，タイに出稼ぎに出ている外国人労働者数は，ミャンマー人約230万人，カンボジア人約130万，ラオス人50万人以上と推定した。タイにおける出稼ぎ労働者の数がこのように多いわけは，労働を受容するタイ側と送り出す周辺諸国の双方に理由が存在する。まずタイでは失業率が0.6パーセントとほとんどゼロに近く，特に労働集約的産業やいわゆる3K職種では，タイ人労働者を集めることが容易でなくなり，労働の需給ギャップを埋めるために外国人労働力が必要な状況にあるからである。一方，ラオスを含む周辺諸国では産業が未発達なため働き口が非常に限られているから，生活を営むためには農業では十分な現金収入があげられず出稼ぎに出るしかない。

タイへのラオス人出稼ぎ労働者をラオスに呼び戻すには，ラオスで働くことができる場が創られなくてはならない。経済特区であれば，輸出企業の法人税10年免税や個人所得税一律5％といったアジアで最も優遇された恩典が提供されている。経済特区を設立しインフラを整備することで，日本企業が安心して進出することができるようになれば，ラオス人出稼ぎ労働者をタ

イから呼び戻し，企業進出に重要な労働力を確保することに繋がることになると確信する。

【参考文献】

Arthur,W.B. (1994) *Increasing Returns and Path Dependence in the Economy*, The University of Michigan Press.（有賀祐二訳『収益逓増と経路依存』多賀出版, 2003年）

Scott, Allen J. (2002) The Cultural Economy of Cities, *International Journal of Urban and Regional Research*, Vol.21, pp.323-339

Suzuki, Motoyoshi (2010) Industrialization Strategy of Laos-Agglomeration and Fragmentation-, Ikuo Kuroiwa ed., *Plugging into Production Networks-Industrialization Strategy in Less Developed Southeast Asian Countries*, National University of Singapore Press, pp.115-145.

Suzuki, Motoyoshi (2011) Case Study of Industrial Zones in Laos: Prospect of Vientiane Special Economic Zone, in Akifumi Kuchiki and Masatsugu Tsuji ed., *Industrial Clusters, Upgrading and Innovation in East Asia*, Edward-Elger Publishing Ltd., pp.105-138.

Suzuki, Motoyoshi and Souknilanh Keola (2005) Sub-regionally Complementary Industrialization Strategy for Laos under Economic Unity, *Macroeconomic Policy Support for Socio-Economic Development in the Lao PDR Phase 2 Main Report Volume 1*, JICA, pp.25-42.

木村福成（2003）「国際貿易理論の新たな潮流と東アジア」『開発金融研究所報』第14号，pp.106-117.

鈴木基義（2008）「地位補完型国際分業による四段階ラオス工業化の展望」鈴木基義・山田紀彦編『内陸国ラオスの現状と課題』JICAラオス事務所・ラオス日本人材開発センター，pp.27-58.

鈴木基義（2009）『ラオス経済の基礎知識』日本貿易振興機構

鈴木基義編著（2013）『変貌するラオスの社会と経済：現状と展望』JICAラオス事務所

鈴木基義（2014a）「ラオスの経済特区と投資環境―本格化するタイ＋ワン―」バンコク日本人会『所報』（10月号）

鈴木基義編著（2014b）『ラオスの開発と協力』JICA ラオス事務所
東京税関業務部総括原産地調査官関税局業務課監修（2014）「一般特恵関税マニュアル」
平塚大祐・石戸光（2006）「東アジアの挑戦―経済統合・構造改革・制度構築」平塚大祐編『東アジアの挑戦』アジア経済研究所，pp.3-41．

鈴木基義

第5章 新たな製造拠点としてのカンボジア

1 はじめに

　中国沿海部やタイの東部臨海地域の工業地域は，賃金上昇により労働集約的な生産工程で国際競争力を失っている。中国においては，人民元の一段の切り上げ，不動産バブル，金融システムの脆弱性，日本や周辺国との外交関係の不安定化等も加わり，生産活動を中国に一極集中させるリスクが高まった。このような背景から，既存の中国工場を補完する新工場をメコン地域に配置してコスト削減を目指す「チャイナ＋ワン」を採用する日系企業が増えている。一方で，ハノイ，ハイフォンといったベトナム北部地域は，2000年頃からチャイナ＋ワンの受け皿となることで，大規模な産業集積地へと発展した。タイにおいても，人手不足に対応して，既存のタイ工場を補完する新工場をタイの隣国に設置してコスト削減を図る「タイ＋ワン」戦略を採用する在タイ日系企業が増えている[2]。

　チャイナ＋ワンとタイ＋ワンは，いずれも「＋ワン」型の国際分業体制である。ただし，工場間の補完関係は，製品差別化や工程間分業を含めてケースバイケースである。製品差別化による補完関係とは，ベトナムに工場を設置し，中国からベトナムへ低付加価値のプリンター生産を移管し，中国工場は高付加価値品の生産に特化するようなケースである。生産工程間での補完関係とは，特定製品の製造のため，資本集約的工程をタイで，労働集約的工程をラオスで行うようなケースである。＋ワンは複数の工場を複数の国で操業することが前提となるため，＋ワン戦略を単独で採用できるのは大企業が

---

(1)　本稿は，2014年12月上旬時点に得られた情報に基づき執筆され，2015年4月末に一部加筆修正された。カンボジア現地調査（2014年9月）の機会と本稿に対する有益なコメントを下さったカンボジア総合研究所CEO／チーフエコノミストの鈴木博氏，ERIAシニアポリシーアドバイザーの青木隆史氏，高塚直氏に深謝する。本稿の内容は全て執筆者の個人的見解であり，所属機関の公式見解を示すものではない。

(2)　在タイ日系企業によるラオス工場の設置は，必ずしも新しいことではない。東京コイルエンジニアリングは1989年にタイ北部ランプーンに進出後，1999年にビエンチャンにラオス工場を稼働させている。

中心となる(3)。企業によっては，中国から撤退・縮小し，メコン地域への移転を余儀なくされたり，アウトソーシングを活用したりことがあり得る。したがって，外資主導で進展するメコン地域の産業開発を考察する際，国際企業内取引を前提とした＋ワン型の直接投資だけに着目することは不十分であることに留意すべきである。

国際経済理論によれば，いずれのタイプの＋ワンであれ，＋ワン型の分業体制は輸送費用とコミュニケーション費用の低下を基盤にしている（Baldwin 2011）。産業革命以降の蒸気船の開発やコンテナ化，コンテナ船の大型化といった輸送技術の向上により輸送費用が低下した結果,「第1次アンバンドリング」，すなわち生産地と消費地の国際分離と産業単位の国際分業が可能になった。1980年代以降は，情報通信革命や輸送ネットワークの発展等により生産工程間の連携に伴う費用が低下した結果,「第2次アンバンドリング」，すなわち生産工程やタスクを単位とする国際分業が出現した。先進国の製造企業は，安価な労働力を求めて途上国に生産拠点の一部を移転しても，自社が持つ経営，技術，マーケティング，人材養成等に関するノウハウを途上国企業と効果的に活用することが可能になった。

第2次アンバンドリングに関して，東アジア（ASEAN加盟国を含む），特にメコン地域は世界の最先端にあると考えられる。メコン地域では，1950年代に国連が提唱したアジアンハイウェイ構想や，1992年からアジア開発銀行（ADB）が主導する大メコン圏（GMS）経済協力プログラム，2国間援助等を通じて，輸送費用に影響する国際道路ネットワークの整備が進展している。また，タイ語とラオス語は非常に近く，タイ-ラオス国境以外の国境地帯であってもバイリンガルの住民は少なくない。言語面のハードル

---

(3) この他，中国やタイで特定製品の生産を維持しながら，増産のために周辺国に生産ラインを新設することもあり得る。この場合でも，中国やタイの既存生産拠点が新生産拠点を支援することで，＋ワンの他の形態と同様に，新生産拠点のスピーディーな立ち上げが可能になる。既存拠点による新設拠点の支援については本稿3.4を参照のこと。

（コミュニケーション費用）の低さもメコン地域で第2次アンバンドリングが進展する要因の一つである。

　第2次アンバンドリングにより国際分業のあり方が変化する中，ASEANにおける貿易自由化と経済協力が，メコン地域の工業化と経済発展にどのような影響を及ぼすのであろうか。こうした新しい国際経済環境に企業はどのように対応しているのか。本章はカンボジアを事例に，こうした問題について考察する。

2 貿易・直接投資

　カンボジアは，1991年のパリ和平協定締結による内戦終結，1993年の総選挙を経て再出発を図った新しい国家である。ASEAN加盟は現メンバー国の中で最も遅い1999年のことであり，カンボジアはASEAN最後発国とも言える。ただし，国際社会への復帰は早く，2002年に第1回GMS（Greater Mekong Subregion）サミットをプノンペンで開催し，2004年には世界貿易機関（WTO）に加盟している。WTOへの加盟では，ベトナム（2007年），ラオス（2013年）に先んじた。

　このように，カンボジアは外向き志向の経済政策を推進してきた。2012年の物品貿易（輸出入額の合計）の対GDP比は97.6％であり，ラオスの58.6％を大きく上回る水準である。海外直接投資純流入の対GDP比は，1995年の4.4％から2012年には11.1％に上昇し，周辺国を大きく上回る水準となった。その結果，カンボジア経済は順調に発展してきた。カンボジアは，1995年から2013年の間，リエル建てで年率7.7％，ドル建てでは年率4.8％の経済成長を達成している。

　開放的な市場経済体制に加え，欧米諸国による最恵国待遇（MFN）や一般特恵関税制度（GSP）の適用は，欧米市場をターゲットにした労働集約的な輸出産業の発展を促進した（初鹿野 2005）。特にEUがGSP制度の一つで

図表1　カンボジア及び周辺国の物品貿易・海外直接投資純流入（対GDP比）

	物品貿易		物品貿易収支		海外直接投資純流入	
	1995	2012	1995	2012	1995	2012
カンボジア	59.3	97.6	-9.7	-17.5	4.4	11.1
ラオス	50.9	58.6	-15.8	-8.6	5.4	3.2
ベトナム	65.6	146.5	-11.3	6.3	8.6	5.4
タイ	75.3	121.9	-4.5	1.5	1.2	2.7

出所：ADB（2014）より作成。

図表2　年平均実質GDP成長率（%）

	1995〜2000	2000〜2005	2005〜2010	2010〜2013	1995〜2013
リエル建て	7.5	9.2	6.7	7.3	7.7
ドル建て	-1.7	7.9	6.9	7.4	4.8

出所：カンボジア国家統計局（NIS），中央銀行（NBC）ウェブサイトより作成。

ある「武器以外のすべて（EBA）」の原産地基準を緩和したことで，EU向け輸出が2011年以降急速に増加した（初鹿野 2014）。EUは，2013年に米国を抜き，輸出先のトップになっている。また，ASEANのシェアも上昇傾向にあり，2000年代前半の5%程度から2013年には14%に達している[4]。一方，主要輸入先は中国である。中国のシェアは上昇傾向にあり，2013年にはASEAN全体からの輸入を上回った。

隣国のタイとベトナムは，輸入総額の1割を占める重要な輸入元である。また近年，輸出に占めるタイのシェアや輸入に占めるベトナムのシェアは上昇傾向にある。隣国との国際分業を基盤とする+ワン型の直接投資がカンボジアに拡大すれば，カンボジアと隣国との貿易関係は一段と強化されるものと期待される。

---

[4] カンボジア商業省のデータでは，輸出先上位10カ国は，米国(28%)，香港(22%)，シンガポール(11%)，英国(10%)，ドイツ(8%)，カナダ(6%)，日本(5%)，中国(4%)，タイ(3%)，スペイン(3%)である。表で示した国連Comtradeのデータと異なるので，データの利用・解釈には注意が必要である。

輸出品目別には，縫製品が主要輸出品である。縫製品は2000年代半ばには総輸出額の7割以上を占めたが，近年は5割台で推移している。製造業品では履物も重要な輸出品であるが，輸出総額に占めるシェアは4％弱にとどまっている(5)。シェアが増加傾向にあるのは食品と機械・輸送用機器である。食品の中では，米のシェアが2005年の0.1％から2013年には2.8％へと上昇した。従来より，大量のカンボジア産米がインフォーマルに隣国に輸出されていたが，カンボジア政府は2010年から米の生産・輸出振興政策を打ち出し，精米輸出を国策として推進している（初鹿野 2014）。機械・輸送用機器の輸出増加は，日系企業を中心とするタイ＋ワン型の対外直接投資の増加を反映しているものと考えられる。

このようにカンボジアは先発ASEAN諸国同様，積極的な外資導入と輸出振興を行い，現地通貨建てで年率7％を超える経済成長を遂げてきた。一方で，労働集約的な縫製産業と欧米市場に極端に依存し，外部経済環境からのショックに影響を受けやすい経済体質となっている。アジア通貨危機の1997年から1999年の3年間とリーマンショックの影響を受けた2009年には，ドル建てでマイナス成長を記録している。

輸出市場と輸出産業の多様化は，産業政策上，重要な政策課題となっている。そのためには，外資誘致により新産業導入と産業集積形成を促進し，隣国及び東アジアの産業集積地と連携しながらカンボジアの産業競争力を強化していく必要がある。＋ワン型分業体制の構築を目指す外資系企業，特に製造業で競争力を持つ日系企業は，そのキープレーヤーとなることが期待される。

---

(5) 印刷物も重要な輸出品目であるが，その大部分は「切手，収入印紙，紙幣，有価証券等」である。

図表3　カンボジアの貿易相手国（対輸出総額・輸入総額）

	輸出				輸入			
	2000	2005	2010	2013	2000	2005	2010	2013
EU（28カ国）	16.9	16.8	16.7	27.2	6.6	8.9	3.0	2.7
米国	54.0	52.9	34.1	23.5	2.3	1.4	2.6	12.2
ASEAN	5.6	4.7	12.6	14.0	39.1	31.0	34.3	30.7
タイ	1.7	0.5	2.7	2.5	15.6	11.4	14.1	11.9
ベトナム	1.4	1.5	1.7	1.2	6.5	7.1	9.9	10.7
ラオス	0.2	0.0	0.0	0.0	0.0	0.0	0.0	0.1
中国	1.7	0.5	1.2	3.0	8.0	16.6	24.2	32.6
香港	19.2	17.9	24.8	17.2	17.9	17.6	11.3	7.2
日本	0.8	2.1	1.6	3.6	4.1	3.9	3.2	1.9
その他	1.8	5.0	9.1	11.5	22.0	20.4	21.4	12.7

出所：国連Comtradeより作成。

図表4　カンボジアの輸出品（対輸出総額）

	2000	2005	2010	2011	2012	2013
食料品及び動物	0.7	0.5	0.9	2.0	2.1	3.7
米（042）	0.1	0.1	0.6	1.6	1.8	2.8
飲料及び煙草	0.2	0.3	0.3	0.3	0.4	0.4
食用に適しない原材料	2.9	1.7	2.5	3.8	2.6	2.8
ゴム（23）	2.3	1.2	1.5	2.8	2.1	1.9
鉱物性燃料・潤滑油他	0.0	0.0	0.0	0.0	0.0	0.0
動物性又は植物性油脂	0.0	0.0	0.2	0.3	0.2	0.2
化学工業生産品	0.0	0.1	0.3	0.1	0.2	0.2
原料別製品	3.2	1.3	0.7	0.7	0.9	1.5
機械・輸送用機器	0.7	0.4	4.8	4.8	4.5	7.5
雑製品	91.8	95.2	90.3	88.0	88.6	83.6
縫製品（84）	69.8	73.2	54.4	59.6	54.8	54.3
履物（85）	2.1	1.3	3.2	4.0	3.8	3.9
印刷物（892）	19.6	19.2	31.8	23.5	29.1	24.5
その他	0.5	0.5	0.1	0.0	0.4	0.0

（注）（　）内の数値は標準国際貿易商品分類（SITC Rev.3）コード。印刷物の大部分は香港やシンガポールに輸出されている「切手，収入印紙，紙幣，有価証券等」（89283）。
出所：国連Comtradeより作成。

3 産業開発

　第2次アンバンドリング社会における工業化政策では，従来からの投資誘致策に加えて，財，資本，情報，ヒトの国内・国際移動を円滑化し，国際的な生産活動の連携を可能にする「質の高い」ハード及びソフトインフラの整備が必要不可欠である。これには関連する国内対策に加えて，通関その他の国境措置の改善に向けた国際協調も含まれる。カンボジアの産業発展が当面，外資系企業の直接投資に依存せざるを得ないとするならば，政策当事者は，＋ワンの背後にある第2次アンバンドリングと外資系企業の国際事業戦略や立地選択要因を理解し，適切な政策を立案・実施していくことが求められる。

　ただし，これはカンボジアに限った話でない。メコン各国は，ハードインフラ（港湾，道路，鉄道，空港，通信，電力，上下水道）の建設・維持は言うまでもなく，通関手続き，ビザ発給，投資家保護等に関わる制度面の改革を推進している。メコン地域の国々は，直接投資誘致において協調と競争の関係にあり，企業はメコン各国の投資環境を比較し，各社の事業戦略も考慮した上で工場立地を選択している。

3.1 投資環境

　カンボジアがタイ＋ワンの受け皿として日本でも注目を集めるようになったのは2010年前後である。2010年に食品大手の味の素が，2011年に電子部品大手のミネベアが相次いでプノンペン経済特区（PPSEZ）に進出した。こうした大企業による進出が，新たな投資を呼び込む好循環を生み出し，カンボジアに進出する日系企業が増加している。カンボジア日本人商工会会員企業数も2010年末の50社から，2011年末に87社，2012年末に104社，2013末年に122社，2014年11月末には182社（製造業部会49社）へと増加した。

タイ＋ワンの背景として，タイにおける2011年の大洪水や近年の政局不安，2013年に実施された日額最低賃金の全国一律300バーツへの引き上げ等が指摘されている。筆者が2014年6月と9月にラオスとカンボジアで行った企業インタビューによれば，すでにタイ＋ワン戦略を導入した企業の多くは，大洪水以前からタイ周辺国への進出を検討し始めていた。2000年半ば以降，タイの失業率は2％を下回り，企業は人材確保難と賃金上昇圧力に直面してきた。特に2010年以降は，失業率が1パーセントを下回り，2013年のバンコクの賃金水準はプノンペンの3倍以上の水準となっている。こうした労働不足の中，在タイ多国籍企業は，2015年のASEAN経済共同体（AEC：ASEAN Economic Community）の設立とメコン地域での地域統合・インフラ整備の一層の進展を前提に，タイ周辺国の労働力も活用した生産ネットワークの最適化を検討している。

　カンボジアはラオスやベトナムに対して賃金面で優位性を持っている。プノンペンの賃金水準はミャンマーのヤンゴンに次いで低水準にある。ただし，プノンペンのワーカー賃金は，2011年の82ドルから2013年には101ドルへ上昇し，ヤンゴンとの賃金差は14ドルから30ドルへと拡大している。最低賃金は，2013年の月額80ドルから2014年に100ドルへと大幅に引き上げられ，2015年には128ドルに引き上げられた。このようにカンボジアの労働コスト面の優位性は低下している。また，内戦の影響もあり，識字率は80.7％にとどまり（NIS 2014），高学歴・技能労働者は不足状態にある。電気料金の高さもカンボジアの弱点として頻繁に指摘される。2013年の電気料金は19セント（kWh）とメコン地域で一番高い。

　このように，カンボジアの投資環境には一長一短がある。プノンペンに進出したミネベアは，消去法でカンボジアを選択したとのことである（ミネベア 2011）。2014年6月に筆者がインタビューしたラオス・サバナケットで操業する日系企業は，カンボジアとラオスとで投資環境に大差なく，タイ語が通じるという理由でサバナケットを選択している。

図表5　メコン地域における賃金・電気料金（ドル）

	プノンペン	ビエンチャン	ヤンゴン	ホーチミン	バンコク
ワーカー（一般工職）月額基本給					
2011	82	118	68	130	286
2013	101	137	71	173	366
業務用電気料金（kWh当たり）					
2011	0.22	0.07	0.12	0.10	0.14
2013	0.19	0.08	0.12	0.11	0.14

（注）電気料金は，プノンペンは大企業向け，ヤンゴンは外国人向け，ホーチミンはピーク時・製造業向け，バンコクはピーク時の料金。
出所：日本貿易振興機構（2012, 2014）より作成。

　では，タイ＋ワンを検討している企業がカンボジアを選択するメリット，カンボジアの長所は低賃金以外のどこにあるのか。一つには，カンボジアの地の利にある。カンボジアは，大きく分けて陸の国境であるタイ国境とベトナム国境，それに港湾という3つの国境地域を持つ（Kuroiwa and Tsubota 2013）。陸の国境をまたいでタイとベトナムが持つインフラや産業集積とカンボジアが持つ労働力を活用した分業体制，すなわちタイ＋ワンやベトナム＋ワンを企業は構築できる。さらに，企業は国内や隣国の国際港を通じて東アジアや欧米市場へアクセスできる。このような地の利を産業開発に結び付けるため，カンボジア政府も外国投資誘致とインフラ整備を進めている。

　投資誘致のために，カンボジア政府は，開放的な市場経済政策を採用し，外資系企業に対して自由な事業活動を認めた上で，様々な恩恵を供与している。カンボジアでは，不動産の取得制限を除いて国内資本と外国資本とは無差別に扱われ，外資100％の企業設立も認められている。企業はドル建ての借入や親会社からの借入，利益や配当の海外送金を自由に行うことができる（JBIC 2013）。さらに，適格投資プロジェクト（QIP）として認定された投資案件は，①法人税免除（最大9年）または特別償却の選択，②投資目的に応じた生産設備及び建設材料等の免税輸入といった投資優遇措置を受けるこ

とができる（CDC 2013）[6][7]。

2005年には，経済特別区（SEZ）制度が導入され，SEZ入居企業は特区外企業より手厚い政策支援を受けられるようになった。特区内に設置される経済特別区管理事務所には，カンボジア経済特区委員会，商業省，労働職業訓練省，税関等，貿易投資関連省庁の職員が常駐し，投資プロジェクト申請や工場操業後に必要となる通関等の申請手続きがワンストップで済むようになっている。さらに，SEZ入居企業は，輸入物資に関する付加価値税（VAT）も免税されている[8]。このような行政関連サービスに加え，SEZ開発事業者は，生産活動に不可欠な電力供給，給水，排水処理，通信等のインフラや，労働者の採用・労務管理支援といった各種サービスを入居企業に提供している。SEZの利便性等から，日系製造企業の多くはSEZ内で操業している。

3.2 南部経済回廊

道路網や港湾，鉄道といった交通インフラの整備は，2国間援助や国際機関からの支援を受けて推進されている。様々なインフラ開発ニーズがある中で，日本政府は南部経済回廊の開発支援に力を入れている。南部経済回廊は，タイからカンボジアを経由してベトナムに至る幹線道路の総称である[9]。タイ国境からプノンペンに至るルートとしては，ポイペトから国道5

---

(6) 外資導入政策や関連法規，投資インセンティブ，許認可手続き等の詳細についてはCDC（2013），JBIC（2013）を参照のこと。
(7) こうした標準的な投資インセンティブの他に，ミネベアはパイオニアインセンティブとして，生産開始から5年間は小型モーター生産を独占的に行える権利を供与されている（2011年3月期決算説明会資料による）。
(8) SEZ外企業はVATを輸入時に支払い，輸出時に還付手続き（JETRO通商弘報2013年2月19日）。
(9) ADBやGMS関連の政府間会議における南部経済回廊とは，①北部サブ回廊（タイ・バンコク-カンボジア・シェムリアプ-カンボジア・ストゥントラエン-ベトナム・プレイク-ベトナム・クイニョン），②中央サブ回廊（タイ・バンコク-カンボジア・プノンペン-ベトナム・ホーチミン-ベトナム・ブンタウ），③南部沿岸サブ回廊（タイ・バンコク-カンボジア・コッコン-カンボジア・コンポート-ベトナム・ナムカン），これら3サブ回廊を南北に結ぶ④回廊間連結サブ回廊の4つのサブ回廊から構成される経

号線または国道6号線を経由するものと，コッコンから国道4号線，国道48号線を経由する2ルートが主に利用されている。国道4号線はカンボジア唯一の深海港があるシハヌークビル港とプノンペンとを結ぶ幹線道路でもある。プノンペンからベトナムへは，国道1号線を経由して国境のバベットに至るルートが主に利用されている。南部経済回廊は，ミャンマーのダウェイにおける深海港とSEZの開発構想が実現されれば，将来的には太平洋とインド洋とを結ぶ長大な経済回廊になることが期待されている。

南部経済回廊では舗装や橋梁の建設が進み，国道1号線のネアックルンでメコン川をフェリーで渡る必要がある以外，生活道路としては通行に大きな支障はない状況にあった。日本の無償資金協力により建設された「つばさ橋」（ネアックルン橋）が2015年4月に開通したことで，プノンペンからバベットまでの所要時間は大幅に短縮される見通しである。

それでも，産業道路として利用するには質的な改善が必要な区間もあり，南部経済回廊の改修・拡幅のためのプロジェクトが計画，実施されている。国道1号線については，プノンペンからネアックルンまでの区間56キロの改修工事が，日本の無償資金協力で2005年から行われている。すでに52キロの改修が完了し，残り4キロの区間も2017年までに完工予定である。5号線についても有償資金協力が順次実施される計画である。さらに，将来の交通量の増加も見越し，国際協力機構（JICA）はプノンペン-ホーチミン間を結ぶ高速道路の建設構想を発表している。この高速道路が完成すれば，プノンペン-バベット間の所要時間が2時間短縮される見通しである。

この他にも，民間企業に運営・維持管理が委託されている国道4号線では，プノンペンからコンポンスプーまでの40キロの拡幅（4車線化）工事

済回廊のことである。さらに中央サブ回廊は，トンレサップ湖の北側を通るルートと南側を通るルートに分かれる（初鹿野2007，白石2008，石田2014）。本章においては，これら4つのサブ回廊の中で，輸送ルートとして利用頻度の高い区間に焦点を当てた。

が実施されている（JICA 2011）。こうしたインフラの質的改善が図られる一方で，タイ政府の支援で整備された国道48号線では，路面の損傷箇所が目立つ区間もあり，維持管理が課題となっている。

南部経済回廊沿線では，国際港のシハヌークビル港とプノンペン港，鉄道網の整備も進められている。シハヌークビル港は，カンボジア唯一の深海港であり，日本の支援でコンテナターミナルが整備されている。プノンペン港では，2013年に新コンテナターミナルが中国の支援で整備されている。プノンペン港からは，メコン川を利用したバージ船がベトナムへ運行されており，ホーチミンから約80キロ離れたカイメップ・チーバイ港（バリア・ブンタウ省）の運用が始まった2009年以降，プノンペン港のコンテナ取り扱い実績は増加傾向にある。プノンペンから北米に輸出する場合，以前はシハヌークビル港からシンガポールを経由して輸送するしかなかったが，カイメップ・チーバイ港の開港で，プノンペン港からカイメップ・チーバイ港を経由するルートが開発された。国内外の港湾，航路開発により，プノンペンで操業する企業は，船の運航スケジュールや運賃，輸送日数に応じて輸送ルートを選択できるようになっている。

鉄道網は，ポイペト-プノンペン間を結ぶ北線とプノンペン-シハヌークビル間を結ぶ南線の2路線があり，ADBの支援で修復が行われている（JETROプノンペン事務所 2012）。南線では，貨物線の運行が再開されており，シハヌークビル港への引き込み線ではコンテナ荷役が行われている。

3.3 経済特区（SEZ）

南部経済回廊の開発は，日系企業が多数操業するバンコクやホーチミン周辺の産業集積地間の連結性を高めることから，南部経済回廊沿線は新たな製造拠点として日系企業の注目を集めている。カンボジアのSEZ開発も南部経済回廊の沿線，特に首都プノンペン，ベトナム国境近くのバベット，タイ国境近くのココン及びポイペト，港町のシハヌークビル周辺に集中してい

図表6　南部経済回廊と道路網整備計画

プノンペンから407km
レムチャバンへ約250km

ポイペト
シソポン

JICA支援により国道5号線改修
（2018年以降完工予定）

コッコン
プノンペン
48

プノンペンから297km
シハヌークビルから233km
レムチャバンへ約370km

JICAによるプノンペン～バベット
高速道路建設計画

バベット

プノンペンから166km
ホーチミンへ約80km

JICA支援によりネアックルンに「つばさ橋」建設
（2015年4月開通）

シハヌークビル
プノンペンから214km

出所：JETRO『カンボジア経済特区（SEZ）マップ』，JICA『ODAマップ（カンボジア）』等より作成。

図表7　コンテナ取り扱い実績（20フィートコンテナ換算）

年	シアヌークビル港	プノンペン港
2007	253,271	47,504
2008	258,775	47,507
2009	207,861	43,312
2010	222,928	62,256
2011	237,941	81,631
2012	255,378	95,333
2013	286,450	110,500

出所：シハヌークビル自治港（PAS），プノンペン自治港（PPAP）資料より作成。

図表8　主要経済特区

経済特区名	場所	面積（ha）	借地料（ドル/m²）
プノンペン	プノンペン	360	60
シハヌークビル港	シハヌークビル	70	65
シハヌークビル	シハヌークビル	1,113	28
ドラゴンキング	バベット	200	25
タイセン	バベット	125	22
マンハッタン	バベット	310	35
コッコン	コッコン	350	40
ポイペト	ポイペト	386	35

（注）借地料はポイペトはリース期間70年，その他は50年の場合。借地料は変更されている可能性がある。プノンペンSEZの2014年8月時点での標準借地料は66ドルである。
出所：JETRO『カンボジア経済特区（SEZ）マップ』より作成。

る。筆者が2014年9月にJETROプノンペン事務所から入手した資料によれば，カンボジアにはSEZが32ヶ所あり，そのうち8ヶ所が稼働中である。企業は自社の投資目的や分業体制に適合した立地やSEZ運営会社のサービス等を評価してSEZを選択している。

　これらのSEZで最初に稼動したのがプノンペンSEZ（PPSEZ）である。PPSEZは，カンボジア華僑の林秋好（リム・チホー）女史と日系不動産会社のゼファーの出資で2006年に設立され，2008年に稼動を開始した。シハヌークビル港に通じる国道4号線に面し，プノンペン国際空港から西に8キロ，市内中心部から18キロ地点という立地面での利便性や，発電や給水設備，排水処理，ドライポートといったインフラ設備の充実，日本人最高経営責任者によるサポートといった点をアピールし，日系企業の誘致に成功している[10]。

---

(10)　PPSEZウェブサイト（2014年11月30日にアクセス）によると，2008年に2社，2009年に3社，2010年に5社，2011年に7社，2012年に16社，2013年に9社，2014年1～9月に11社が操業を開始している。これら53社の入居企業のうち半数以上の30社が日系企業である。

シハヌークビルに立地するSEZは，シハヌークビル港との近接性とプノンペンへのアクセスの良さを強みとしている。シハヌークビル港からは，日本（神戸，大阪）にも寄港する定期航路も利用できる。ただし欧米向け輸出の場合，シンガポールやベトナム，香港等を経由する必要があり，定期航路を利用できるカイメップ・チーバイ港に比べてやや不利な条件にある。シハヌークビルでは，シハヌークビルSEZとシハヌークビル港SEZが稼動しており，ストゥンハブSEZが建設中にある。このうち，シハヌークビルSEZは，港から12キロ地点に中国資本により開発されたSEZであるが，日系企業も2社入居している。シハヌークビル港SEZは，日本のODA事業として2012年に建設された新しいSEZである。総面積70ヘクタールと小規模であるが，港に隣接する利便性と高品質のインフラを売りにしている。入居第1号の王子製紙グループの現地法人ハルタ・パッケージングが2013年からダンボールを，第2号のタイキが化粧品用具を製造している。さらに，生活雑貨製造のIS-TECがレンタル工場に入居している。

ベトナム国境バベット周辺には，タイセンバベットSEZ，ドラゴンキングSEZ，マンハッタンSEZが開発され，日系企業を含む外資系企業が操業している。バベットは，プノンペンから約166キロ，ホーチミン市から約80キロに位置する。ベトナム側へのアクセスが良いため，バベットに立地する企業は，東アジアや北米へ出荷する場合，カイメップ・チーバイ港を利用することで，シハヌークビル港やタイのレムチャバン港経由に比べて輸送リードタイムを短縮することができる。施錠されたコンテナを直接ベトナムの港湾まで輸送できることも輸送上の利点を高めている。こうしたベトナムとの連結性の良さから，バベットはベトナム＋ワンの受け皿と期待されるが，最近ではベトナムとベトナムとの賃金格差の縮小や電力供給の不安定化といった投資環境の悪化が指摘されている（石田 2014）。

沿海部のタイ国境コッコンでは，国境から2キロ地点に立地するコッコンSEZが稼動している。コッコンSEZは，2006年にカンボジアで最初にSEZ

として認可されたが，本格的に稼動し始めたのは2011年からである。2014年6月現在，少なくとも5社が操業ないし進出予定である。入居第1号のカムコモーターは2011年に現代自動車の組み立てを開始している。タイ系企業では，2012年にKKNアパレルが入居し，電子部品のハナマイクロエレクトロニクスも進出を決めている。日系では，ワイヤハーネス製造の矢崎総業が2012年末に工場を開所させた他，ボールメーカーのミカサが2013年に生産を開始している。いずれの日系企業もタイに工場を持ち，タイ＋ワンの国際分業を実践している。矢崎総業は，設備や部材をタイから輸入し，カンボジアで最終製品にしてタイに再輸出している。日本人とタイ人の管理下でカンボジアで製造された製品は，タイ工場で検品後，顧客に納品されている（JETRO 2013）。なお，コッコンにはイスラム教徒の住民が多く，工場操業に際しては特別の配慮が求められる。

　内陸部のタイ国境のポイペトでは，オーニアンポイペトSEZが稼働中であり，カムパック（タイ系欧州向け宝石箱製造），ハイテクアパレル（タイ系），MLインティメートアパレル，ワイヤーフォームプレシジョンパーツ（タイ系電子部品製造）が入居ないし入居予定となっている（CDC 2013, JETRO 2013, 石田 2014）。また国道5号線と6号線が分岐するシソポンにはシソポン工業団地が開発されており，タイ系アパレル企業のT.K.ガーメントとS.P.ブラザーが入居している。このようにアパレルを中心とする労働集約的な業種で，タイ系企業がポイペトとその近郊に多数進出している。タイにおける最低賃金上昇や，タイがEUのGSP対象から除外されたことが影響しているものと思われる。日系企業では，タイ日本電産が2012年にSCワドーコンポーネンをポイペトに設立し，ハードディスクの筐体を製造している。

3.4 プラスワン

　カンボジアはタイ＋ワンの受け皿として注目されているが，SEZで操業している日系企業の分業体制は様々である。タイ＋ワンの事例としては，2011年からPPSEZで電子部品を製造するミネベアのケースがある。カンボジア工場は，アユタヤから部材を陸路で輸入し，製品に組み立てて，陸路でアユタヤに再輸出している。タイ，マレーシアの工場から労働集約的な製品の生産が移管されており，カンボジア工場は移管元のタイやマレーシアから技術支援を受けている（ミネベア 2011）。

　2010年にPPSEZで工場を稼動させた味の素は，原料の味の素をポイペト経由でプノンペンに陸送し，販売用に袋詰めしている。工場運営のため，タイ人幹部が派遣されている（味の素 2010，JETRO 2013）。ミネベアのケースと異なり，製品は国内市場向けであり，タイ以外からも原料が輸入されることがあるようだ。

　カンボジアをチャイナ＋ワンの受け皿とした事例としては，2012年からベトナム国境近くのタイセンSEZで手袋を製造するスワニーのケースがある。同社は日本で企画した製品を中国で製造していたが，縫製工員の採用難や賃金上昇，人民元高に直面し，カンボジアに工場を設立した。同社は，工員採用の容易さ，中国語と英語が通じること，SEZやホーチミン港が利用できること等を理由に，中国を補完する生産地としてカンボジアを選択している。工場操業開始前には，中国工場で半年間，採用した幹部に対する研修を行っている（スワニー 2012）。

　なお，＋ワンの他に日本から直接，単純労働作業を移管する事例もある。2010年からPPSEZで操業する春うららか書房の場合，日本から輸入した中古コミックをクリーニングし，日本に再輸出している（春うららか書房 2013）。

4 おわりに

　AECは，ASEANに「単一の生産基地（a single production base）」を実現することを目指している。その最前線にあるメコン地域では，道路網等のインフラ整備が進んだことで，発展格差を利用した生産工程の国際再配置が始まっている。多国籍企業は，中国やASEANの高賃金国から低賃金国に人材，生産技術と設備を持ち込み，人材養成に既存の中国やASEAN拠点を活用することで，スピーディーに労働集約的生産工程を移管している。

　一方で，賃金水準の上昇により，将来的には隣国との賃金格差を利用した＋ワン型の企業誘致は難しくなる。メコン地域の経済発展を持続的なものにするには，より難易度の高い生産工程の受け皿になる必要がある。カンボジアにおいても，自国の強みを活かしながらビジネス環境を改善し，直接投資先としての魅力を高め，製造業の高度化・多様化を推進し，縫製業への依存度を低める政策努力が求められる[11]。

　カンボジアの労働コスト面での優位性は，急速な労賃上昇により低下し始めているが，依然として中国やタイとの賃金格差は大きいと言える[12]。労働供給面では，2013年の推定人口は約1500万人と，ミャンマーの6160万人を大きく下回るが，ラオスの670万人を上回る。また，総人口の31.1％が年少人口（0～14歳）であり，ラオスの35.2％には及ばないが，ミャンマーの24.9％を上回っている。若年人口が豊富な点もカンボジアの強みと言える（ADB 2014）[13]。

---

(11)　国家戦略開発計画（National Strategic Development Plan 2014-2018）では，2014年から2018年の期間も年率7％の経済成長が見込まれている（MOP 2014）。IMF（2014）は，インフラ，競争力，投資環境の継続的な改善を前提に，2014～2018年の成長率を年率7.4％と見込んでいる。
(12)　最近ではアキレスが，2014年8月に台湾シューズメーカーと香港に設立した合弁会社の100％子会社として，製造会社をカンボジアに設立し，2015年6月から生産開始の計画を公表している（アキレス社ニュースリリース　2014年12月5日）。
(13)　2014年8月に公表されたミャンマーの人口センサスの暫定結果によれば，総人

機械産業開発で重要となるハードインフラ整備では，カンボジアはミャンマーに先んじている。交通インフラ面では，国内の深海港開発に加え，隣国のタイ，ベトナムの港へのアクセスが容易な点も，内陸国のラオスや港湾インフラが貧弱なミャンマーに対するカンボジアのアドバンテージと言える。電力インフラに関しては，カンボジアは，ラオスやミャンマーに対して料金面で不利な状況にある。ただし，ミャンマーは電力供給が不安定であるのに対して，カンボジアでは，電力部門へのインフラ投資と周辺国からの送電により，電力供給の安定性が確保されつつある。なお，GSPによる先進国市場への特恵的なアクセスもカンボジアの魅力であるが，GSPの適用外になる国が自由貿易協定（FTA）締結に動きだせば，カンボジアが享受できる競争優位は一時的なものとなることに留意すべきである。

　現在，製造業への直接投資対象となっている地域は主に，プノンペン，ベトナム国境バベット，タイ国境のポイペトとコッコン，シハヌークビルの5地域である。これらのうち，ベトナムとの人件費差縮小と「つばさ橋」の完成によるプノンペン-ホーチミン間の輸送時間の短縮により，製造拠点としてのベトナム国境の魅力が現在よりは低下する可能性がある。その反面，企業にとっては工場立地の選択肢が増えるメリットがある。特に，プノンペン及びその周辺では，道路インフラの改善や，都市化に伴う人口増加，工業化や経済成長に伴う内需拡大等を要因に，SEZへの需要が高まる可能性がある[14]。

　タイ国境におけるタイ＋ワンの場合は，ベトナムとの賃金格差に比べてタイとの賃金格差は大きく，ベトナム国境におけるベトナム＋ワンに比べてよ

　　口は5140万人と，ADBの推計値を大幅に下回ることに注意する必要がある。
(14)　日立，フォーバル，日本開発政策研究所の日系3社と地場不動産事業者のヘンデベロップメントは，プノンペンに隣接するカンダール州においてプノンペンサウス経済特区の開発に向けた調査を開始している。2015年6月までに調査を完了し，2015年7月に工業団地建設を開始する計画である（日立製作所ニュースリリース 2014年11月19日）。

り大きなコスト削減が期待できる。さらに，タイの道路，港湾，電力といった高品質のインフラやバンコク周辺の産業集積を活用できるメリットもある。またタイバーツが流通し，タイ語を理解できる住民も多い。こうした要因により，タイからの投資が増えることが予想される。

タイ国境のうち沿海部のコッコンは，シハヌークビル港に至る国道48号線の維持管理の悪さが投資誘致に不利に働く可能性がある。内陸部のポイペトでは，国道5号線や鉄道の改修によるプノンペンとの連結性の改善に加えて，2015年3月に双日ロジスティクスがカンボジア-タイ間を陸路で結ぶ定期混載輸送を開始したような輸送サービスの改善も期待できる。日本とカンボジアとの合弁であるサンコーポイペトSEZやプノンペンSEZによる新たなSEZ開発も動き出始めている[15]。豊田通商は，在タイ日系自動車部品会社のカンボジア進出支援のため，2015年末を目途にサンコーポイペトSEZ内にテクノパークを開業する計画である。こうした投資環境改善の見通しも手伝って，2015年以降，ポイペトの産業開発が大きく前進する可能性がある。自動車部品企業ニッパツのタイ子会社は，ポイペトに自動車用シートの縫製部品生産会社を2015年4月に設立し，2016年4月から生産を開始する予定である[16]。

製造・輸出拠点としてのカンボジアのポテンシャルを実現するためには，国境措置の円滑化や労務管理面の課題を克服する必要がある。国境措置の円滑化には，タイやベトナムの港湾とカンボジア国境間の保税輸送も含まれ

---

(15) 2014年12月6日にサンコーポイペトSEZから提供された情報によれば，同SEZは2015年4月からの運営開始に向けて造成工事中である。すでに1社が入居，3社が入居予定である。SEZ運営会社の経営陣には，人材会社の経営者も含まれ，SEZのテナントに対しては，工員派遣サービス，スタッフ紹介サービス，研修支援が提供ないし提供される予定である。
(16) 自動車用シート生産におけるタイプラスワン型分業の先行事例として，豊田紡織によるラオス・サバナケットでのシートカバー生産がある。

る(17)。労務管理面で最も重要な課題は，労働力の量と質の確保である(18)。国境地域ではタイ側やベトナム側と労働者の奪い合いになる可能性がある。特にタイ国境では，タイ政府が国境地域でのSEZ開発に乗り出しており，カンボジアからタイへの労働力の流出が懸念される。労働力確保のためには，現地に根ざした採用活動が求められる。PPSEZに入居する住友電装の場合，採用活動のために日本人駐在員が自ら農村に入っている。採用後の人材養成にも企業の地道な努力が求められる。農村から新規に採用された工員の多くは企業での勤務経験がないため，導入研修では社会人としての心構えから指導する必要がある。ものづくりに関わる研修の他に，定時外にクメール語や算数の研修も提供している。さらに，採用活動では工員の口コミや紹介も重要であるため，福利厚生を充実し，工員の出身地での評判を高めて，採用活動を有利にする努力も行われている（住友電装 2012）。こうした企業努力は，PPSEZ内の他社でも聞かれた。

　企業による人材養成努力は，カンボジアの貿易製品や相手国の多様化に寄与するものと考えられる。タイ拠点を人材養成に活用できることもタイ＋ワンの利点である。したがって，人の移動の円滑化も重要な政策課題である。現在のところ，タイから原材料から輸入し，製品をタイに再輸出する企業の中には，タイで出荷前検品を行っているケースがある。カンボジア工場の品質管理が向上すれば，カンボジアから世界中の顧客に直接出荷できるようになる。カンボジアとタイとの分業パターンは，両国の産業発展段階に応じて変化していくことが予想される。

---

(17)　筆者がインタビューしたコッコンのある企業は，原材料輸入にレムチャバン港を利用しながら，保税輸送の問題から最終製品をシハヌークビル港経由で輸送している。
(18)　この他，近年頻発している労働争議対策や，国境地域でも外国人が生活しやすい環境を整備することも，労務管理上重要である。

【参考文献】

ADB (2014) *The Key Indicators for Asia and the Pacific 2014*, Asian Development Bank.
Baldwin, R. (2011) Trade and industrialisation after globalisation's 2nd unbundling: how building and joining a supply chain are different and why it matters, *NBER Working Paper* 17716.
IMF (2014) Cambodia: Staff Report for the 2013 Article IV Consultation, *IMF Country Report*, No.13/33.
Kuroiwa, I. and K. Tsubota (2013) Economic Integration, Location of Industries, and Frontier Regions: Evidence from Cambodia, *IDE Discussion Paper* 399, Institute of Developing Economies.
MOP (2014) *National Strategic Development Plan 2014-2018*, Ministry of Planning.
NIS (2014) *Cambodia Socio-Economic Survey 2013*, National Institute of Statistics Ministry of Planning.
石田正美(2014)「ASEAN域内の物流ネットワーク―GMS経済回廊の現状と展望―」北陸環日本海経済交流促進協議会・アジア経済研究所編『ASEAN経済の動向と北陸企業の適応戦略』北陸環日本海経済交流促進協議会・アジア経済研究所
CDC(2013)『カンボジア投資ガイドブック』国際協力機構
JICA(2011)『カンボジア国シハヌークビル港競争力強化調査プロジェクト詳細計画策定調査報告書』国際協力機構
JBIC(2013)『カンボジアの投資環境』国際協力銀行
白石昌也(2008)「GMS南部経済回廊とカンボジア・ベトナム」石田正美編『メコン地域開発研究―動き出す国境経済圏―』アジア経済研究所
JETRO(2012)『第22回アジア・オセアニア主要都市・地域の投資関連コスト比較』日本貿易振興機構
JETROプノンペン事務所(2012)『カンボジアインフラマップ』日本貿易振興機構
JETRO(2013)『ASEAN・メコン地域の最新物流・通関事情』日本貿易振興機構
JETRO(2014)『第24回アジア・オセアニア主要都市・地域の投資関連コスト比較』日本貿易振興機構
初鹿野直美(2005)「カンボジアの産業の現状―縫製業を中心として」石田正美編

『メコン地域開発―残された東アジアのフロンティア―』アジア経済研究所

初鹿野直美（2007）「カンボジアと南部経済回廊開発―変わりゆく国境地域」石田正美・工藤年博編『大メコン圏経済協力―実現する3つの経済回廊―』アジア経済研究所

初鹿野直美（2014）「カンボジアとWTO」『アジ研ワールド・トレンド』No.225（7月号）アジア経済研究所

<プレゼンテーション資料>

味の素（2010）『カンボジア進出体験談』日本ASEANセンター（5月カンボジア投資セミナーレポート）

ミネベア（2011）『カンボジア進出の背景と当社の目指すもの』日本ASEANセンター（6月カンボジア投資セミナーレポート）

スワニー（2012）『カンボジア進出体験談』日本ASEANセンター（7月カンボジア投資セミナーレポート）

住友電装（2012）『住友電装31カ国目の海外進出』日本ASEANセンター（7月カンボジア投資セミナーレポート）

春うららかな書房（2013）『カンボジアへの投資/中小企業のカンボジア進出の実例』日本ASEANセンター（12月カンボジア投資セミナー講演資料）

植木　靖

第6章 日本ものづくり企業における進出先国としてのベトナム
―進出実態からみたタイ＋ワンの可能性―

1 はじめに：ベトナム経済の概況と本章の目的[1]

　長く続いたベトナム戦争が1975年4月にサイゴンの陥落をもって終結し，そこからベトナムは新しい経済発展段階に移行することになった。そのきっかけは1986年12月にベトナム共産党第6回党大会にて提起されたドイモイ（刷新）政策であった。ドイモイ政策が打ち出されてから，ベトナム経済は着実に成長をし続けてきた。2000年以降の経済成長率は年平均で7％以上であり，国民1人あたりの名目GDPは2012年には1528ドルに達した。ベトナムの経済規模はASEAN10ヶ国の中で6番目であり，その位置は必ずしも高くないが，もはや最貧国とは言えない。

　しかしながら，ベトナム経済には課題も少なくない。1つには，ベトナムの輸出品目が依然として繊維などの軽工業品が中心となっている点である[2]。これは自動車産業の集積が厚いタイ経済とは対照的である。またカンボジアやラオスといった周辺国の経済成長による追い上げもあり，労働集約型産業の産業構造では限界があるという見方がある。もう1つには，ベトナムは1995年の申請後，12年の時間をかけて，2007年1月にWTO加盟という念願を果たし，非関税障壁の撤廃に伴って外資誘致を目指したが，2008年のリーマンショックによる影響が大きく，ベトナムの輸出が飛躍的に伸びなかった点である。ベトナム政府は，2020年までに資本集約化による工業化を目指しているが，それを実現するためには，少なくとも上の2つの課題を克服していく必要がある。

　ベトナム経済には上に指摘されるような諸課題があるが，リーマンショック以降，外国企業による期待が年々高まっているのもまた事実である。これには次のような要因がある。その1つは，「チャイナ＋ワン」による影響で

---

(1)　本章は，科学研究費助成事業　若手研究（B）（研究課題番号24730356）の研究成果の一部である。
(2)　ドイモイ政策のなかで重要な外貨獲得手段とされたのが繊維・縫製産業である。

ある。中国に進出した際に直面するさまざまな課題に対応する際のリスクヘッジであるばかりでなく，課題をかかえる中国に直接拠点を有するよりも，隣接するベトナムに拠点をもつことで原材料や部品調達といった地の利を活かすという考え方である[3]。

また，もう1つには，魅力的な人口動態と市場としての期待である。ベトナムの人口は，2012年には9000万人を超え，これはASEAN諸国の中でインドネシア，フィリピンに次いで3番目である。また他のASEAN諸国と比較しても，若年層が多いことで知られる。ドイモイ政策以前には，平均で100ドルしかなかったベトナム国民の所得は，ドイモイ政策以降，2010年までに1130ドルまで増加しており，若年層を中心とした人口の層が，中長期的にみて大きな市場となるとの期待が高まっている。2009年には外資系小売業の100％外資での参入を認めたこともあり，大手外資小売業が立て続けにベトナム市場への参入を果たしている。

本章では，タイ＋ワンとしてのベトナムについて考察する。タイ＋ワンとは，タイ国内の経済社会情勢の変化および政府による制度転換に伴い，タイ国内での生産工程の中で，より労働集約的な工程を，より賃金の安いカンボジア，ラオス，またミャンマーといった周辺国に移管し，GMS内の地域間工程分業を構築するというものである（大泉2013）。ベトナムは，大メコン圏の中で見れば，唯一タイと国境を介さない国である。チャイナ＋ワンとして，また人口動態の魅力と市場としての期待が高まるなかにおいて，ベトナムはタイ＋ワンとして日系企業にとっていかなる可能性や方向性を示すのであろうか。ベトナムと言えば，多くがチャイナ＋ワンとして取り上げるに留まり（池部2013，関・池部2012など），タイ＋ワンとしてのベトナムについての検討は，タイ＋メコンとしての視点（一例として，砂川2014がある）

---

[3] ベトナム北部の最大都市であるハノイから中国の第3の都市である広東省広州市までは陸路で4日間，ハノイの最大の港町であるハイフォンから香港までは海路で1〜2日間である。

以外に踏み込んで検討したものは，筆者の知る限りほとんど存在しない。それゆえ，本章での考察は，タイを拠点として活動を続ける日系企業（とくに中小企業）にとって有益な視座を与えるものと期待される。

本章の構成は以下のとおりである。まず，ベトナム進出の実態を明らかにするべく，日本企業，とくに大阪府下の中小企業を念頭に，日系企業のベトナム進出実績ならびにいくつかのケースを3社ほど紹介する（第2節）。それらのケースに基づき，日系企業（とくに中小企業）にとっての進出先国としてのベトナムの特長を3つの観点から整理する（第3節）。そのうえで，近年において新しい局面を迎えるタイに進出する企業がタイ＋ワンを実践していくうえにおいて，タイ＋ワンとしてのベトナムをどうみるかについて，現時点での可能な範囲での私見を提示する（第4節）。

2 日系企業のベトナム進出

2.1 全国ならびに近畿企業の概況

日系企業のベトナム進出は1993年から次第にみられるようになり，1994年には久光，また1995年からサロンパスや味の素などといった日系大手企業が進出をはじめた。帝国データバンクのデータベースによれば，ベトナムに拠点を有している日系企業の数は，2012年1月末で1542社ほどあるという[4]。業種別にみると，製造業が725社（47.0％），卸売業が319社（20.7％），サービス業が236社（15.3％）となっている。

ベトナム投資計画省外国投資庁によれば[5]，新規直接投資件数（認可ベー

---

[4] 株式会社帝国データバンク（2012）による。なおこのデータソースは，帝国データバンクの自社データベースに，信用調査報告書ファイル「CCR」ならびに公開情報を統合したものである。これらの統合データベースから，ベトナムに事業所を有する日本企業を抽出したものである。
[5] 2015年1月29日に一般財団法人アジア太平洋研究所（APIR）主催の研究会にて，同研究会にて講演を行った近畿経済産業局通商部国際事業課が提示した資料に基づく。

ス）は，リーマンショック後の2009年に大きく落ち込んだものの，2010年から2013年までの間に，その件数は114件から352件へと約3倍に急増している。また1件あたりの投資金額数は，リーマンショックまでは大規模案件が中心であったが，2010年以降は小規模化の傾向にある。2014年6月には，新規認可件数は128件であり，1件あたりの投資金額は約340万ドルであった。

　近年ベトナムとのかかわりを深めつつある近畿経済産業局によれば[6]，近畿に本社をおく企業を対象にアンケート調査を実施したところ，ベトナムに直接投資の実績がある企業は調査対象全体の12.3％であった（サンプル数は317）。これは中国の72.2％，タイの17.0％に次ぐ第3位であった。この比率は必ずしも高くないが，同じASEAN諸国で見たところ，インドネシアが7.3％，マレーシアが6.3％，シンガポールが5.3％となっており，比較的ベトナムの実績はあるとみることができる。実際に，近畿に本社をおく企業に絞ると，1994年には日本ペイント，1995年にはグンゼ，1997年には島津製作所，また2000年に入ってからは住友ゴムやクボタなどが相次いで進出している。また，直接投資について，今後関心のある国についてみたところ，タイと同率の27.7％と第1位になっている（サンプル数は274）。このことから，近畿に本社をおく企業のなかですでに海外のいずれかの国で事業展開をしている企業，あるいはこれから展開しようとしている企業のなかで，多くの企業がベトナムでの事業展開に高い関心を示していることがわかる。

2.2　大阪中小企業のベトナム進出

　ベトナム進出を実現しているのはいかなる企業であろうか。大企業についてはこれまでに公開された資料や実態調査などもあり，ある程度の情報は収

---

(6)　近畿経済産業局（2013）および2015年1月29日にアジア太平洋研究所（APIR）主催の研究会にて，同研究会のリサーチリーダーかつ政策研究大学院大学教授の大野泉氏が提示した資料に基づく。

集されている（関・池部 2012，西山 2013 など）。しかしながら，ベトナム投資計画省外国投資庁のデータにもみられるように，この数年における新規投資案件の主役は，1件当たりの投資金額が小規模化していることを鑑みて，中小企業であると想像することは易い。しかしながら大企業と異なり，中小企業の場合には公開されている資料はほとんど存在せず，調査も進行中であることから，その実態はあまり知られていない。しかしながら，この数年の中小企業の進出実績からみても，また近畿に本社をおく企業の関心の高さをみても，中小企業のベトナム進出の実態を解明しておくことは，今後のベトナムにおける日本中小企業の事業展開にとって有益であると考える。

そこで以下では，近畿のなかでもベトナムに最も進出実績のある大阪府に焦点を絞り[7]，大阪府下に本社をおく中小企業3社をとりあげ，それぞれのベトナム事業展開について紹介する。なお以下でとりあげる3社は，いずれも製造業である。またそれぞれのベトナム進出時期は異なっており，最初の1社が1997年であり，残りの2社が2000年代に入ってからである（1社は2008年，もう1社は2005年）。

① FI社[8]

同社は，おもに食品向けのインパルスシーラー機を製造している。創業は1956年で，資本金は1400万円，従業員数は100名であり，本社は大阪市内である。本社は特注品のシーラー機を製造しており，本社以外では徳島県にて汎用のシーラー機を製造している。

---

[7] 2015年1月29日にアジア太平洋研究所（APIR）主催の研究会にて，同研究会にて講演を行った近畿経済産業局通商部国際事業課が提示した資料に下づく。なおベトナムに進出実績のある近畿に本社をおく企業は136社あり，そのうち99社が大阪府下の企業である。
[8] 以下の記述は，2013年7月13日に行われた多国籍企業学会での同社社長による基調講演の内容および2013年9月19日14：30～16：00にベトナム現地法人における現地代表に対して実施したインタビュー調査に基づいている。

同社は1958年からインパルスシーラー機の製造を行っている。1963年に世間でプラスチックのフィルムが使用されるようになり，主力機械にも応用してきた。また関西の大手商社が全国の商流に同社のシーラー機を乗せたことから，売上を伸ばし，インパルスシーラー機のトップメーカーになった。食品向け以外にも，医療分野でも使われている。

　製造部門に従事していた同社の社員が，カトリック教徒であった。ベトナム戦争が終了した1975年以後，多くの戦争難民が日本に押し寄せていた。日本ではカトリック教徒であった製造部門の社員が，日本にある難民の定住促進センターの所長から，難民受入の相談を受けた。そして6名の難民のベトナム人を受け入れることになった。当時はドイモイ政策がはじまっておらず（提起されたのは1986年），日本に来た難民は二度とベトナムには帰国できないと思っていた。1988年に初めてベトナムに里帰りができるようになったため，受け入れた6名のベトナム人を3ヶ月ほど里帰りさせた。それをきっかけに，同社の社長はベトナムのことを知る機会をつくろうと心掛けるようになった。

　1990年くらいから同社の売上が伸び，生産力を増強する必要があった。新規に設備投資をするならば事業を遂行するためのインフラがほぼ整っていたこともあり[9]，事業展開先をベトナムにすることは決めていた。ベトナムにて工場を建設するべく，1996年10月に契約を締結した。そして1997年に，日本からの100％独資会社として，輸出加工地区に設立された。1997年11月に操業を始める際に，ホーチミン工科大学の日本語教室に通ってい

---

(9) 1984年には，難民を社員にし，家を工場にし，シーラー機の製造を始めるベトナム国営会社があったが，歩留りが高く，コスト的には結果的に高くついたことから，当時としては，ベトナムよりも台湾製のシーラー機の方が安かったという。ただし，ダイカストや塗装などの外注先は確保でき，現在では80〜90％は現地で対応可能であるという（原材料は基本的には日本から輸入しなければならず，またレーザー加工など一部対応できない部分があるという）。2013年7月13日に行われた多国籍企業学会での同社社長による基調講演の内容に基づく。

た日本語が堪能のベトナム人学生5名を紹介してもらった。1997年12月時点での従業員数は22名であった。

　ベトナム法人を設立した当初は，日本から現地社長となる人材を駐在させていた。2008年からは現地には日本人は誰もおらず，経営はすべてベトナム人に委譲している。現地のベトナム法人の経営者は，上のホーチミン工科大学のベトナム人学生5名のうちの2名（1名が社長，もう1人が副社長）である。ベトナム人社長によれば，日本人と一緒に働くことを通じて，日系企業および日本人の考え方や文化など，日本でのやり方を理解できない部分もあるが，やり続けていくことによって，そのやり方に次第に慣れてきたという[10]。日本法人の社長によれば，多くのベトナム人従業員が，自分たちの会社であるという認識をしている。

　現在，ベトナム法人は，従業員数が75名（うち約20名が女性）であり，同社にとって一大生産拠点となっている。日本法人ではシーラー機の製造がメインであり，ベトナム法人もほぼ同じであるが，ベトナム法人ではシーラー機の製造以外に，板金やアルミダイカストの製造加工なども一部行っている（2004年から）。シーラー機にかんして言えば，ベトナムでは約2万台のシーラー機を製造しているが，このうち約90％は日本向けに輸出している。それ以外はベトナム市場，またASEAN圏内（おもにタイ），アメリカなどであるという。他の日本のシーラー機メーカーのOEMも一部手がけている。日本法人の社長によれば，1つには，ベトナム法人が，シーラー機の輸出拠点となること，またもう1つには，ベトナム人が，自立して生活して

---

(10)　理解できないけれども，やり続けていくことで慣れたという表現については，ベトナム人従業員にとっては日系企業および日本人の考え方・やり方を絶えずよく説明することによって，次第に浸透してきたという理解をしたほうがよいかもしれない。また，最初から日本のやり方を100％最初から正しいとするのでなく，ベトナム人にとって一番いいやり方を相談しながら実践するという側面もあるという。2013年9月19日14：30～16：00に，ベトナム現地法人における現地代表に対するインタビュー調査に基づく。

いき，それぞれの夢をかなえることができる拠点となること，を望んでいるという。

　FI社は，2011年の春ごろから，ホーチミン市から42キロメートル離れたドンナイ省のロンドウック工業団地にて，日系中小企業のためのレンタル工場の整備に努めている。最近では，近畿経済産業局やベトナム政府などとも連携し，日系中小企業の進出実現に深くかかわっている（この点は後述する）。

② SY社[11]

　同社は，綿棒を製造している。創業は1967年（設立は1979年）である。業界ではじめての丸筒容器入りの綿棒を開発したことで知られている。従業員は145名である。本社は，大阪府富田林市にある。

　同社が製造する綿棒の事業は，日本国内では非常に厳しい状況を強いられている。設備投資が少なくて済むことから，同じ事業を開発途上国でも営むことはコスト的にできるとみていた。実際，同業者は2000年代くらいから本格的に中国に進出をし始めていた。このような同業者の動きを見て，同社も中国進出の必要性を感じ，5～6社の工場視察を行った。中国とは30年ほど前からハードディスク製造時に使用する工業用綿棒を輸出していたこともあったが，中国の商慣習がどうしてもなじめず，他の国を探し出した。中国の視察を行い出してからすでに3～4年が経過していた。その次がタイであった。

　脱脂綿のガーゼを製造するタイのローカル企業とは約25年の付き合いもあった。その会社はタイ市場の7～8割を占めているともいい，その経営者は外国人の経営者として一番の信頼・尊敬の気持ちをもっていた。同社はタイで工場を賃貸で行うことを決め，支度金まで支払った。しかし採算が取れ

---

(11)　以下の記述は，2012年11月15日10：00～11：30に，同社の代表取締役に対して実施したインタビュー調査に基づいている。

ず，最終的にあきらめることになった。

　同社は古くから新興諸国からの技能研修生を受け入れていた。はじめは中国人であった。しかしながら受け入れた中国人は自己主張が多く，中国から別の国に代えることにした。そこでたまたま紹介を受けたのが，ベトナム人でホーチミン市出身の技能実習生であった。受け入れた実習生は5名で，実習期間は3年間であった。ベトナム人は他の国の技能実習生と比較して，会社への帰属意識が強く，日本企業に勤務しているというプライドもあり，日本的感覚や同社の経営理念を共有することに成功したという。そこで実習が終了した4年目に，ベトナム人の技能実習生との関係をきっかけとし，2008年にベトナム法人を独資で設立し，技能実習生たちを工場，品質などの責任者として任せることになった。

　現在，同社のベトナム法人は約100人の体制で，綿棒の製造を行っている。現在のところ，ベトナムで製造される綿棒の品質は，日本のものとほぼ同じであり，また販売先も同じである。一部中国に出ているものもあるが，日本に輸出しているものが多い。ベトナムでは，期待される市場がまだそれほど大きくなく，他のローカルメーカーが製造する綿棒の品質が劣ったとしても，価格的には相当安く製造されている。今後，ベトナム法人から世界市場への販売を期待しているという。

③ NG社[12]

　同社は，自動車および家電関連のプラスチック部品および試作モデルを製造している。創業は1992年（設立は1999年）であり，資本金は300万円，従業員は6名である。本社は大阪府守口市にある。

　現在の社長は，1992年に以前勤めていたところから独立し，同社を創業

---

(12)　以下の記述は，2012年11月22日にシェラトン都ホテル大阪にて開催されたある中小企業経営者団体主催のフォーラムでの同社の代表取締役による講演の内容に基づく。

してから,すぐにある中小企業の経営者団体に入会した。そこで,中小企業では相当早い段階に中国の蘇州に工場を進出させていたTS社の社長と懇意になった[13]。これをきっかけに,1998年にTS社の中国工場を視察し,TS社(および経営者)と同じようにやってみたいと思うようになった。TS社の社長からのアドバイスもあり,まずは外注先を上海近郊で探し始めた。そこから2年間の間に,中国のローカル企業に見積もりをとったり,サンプルを送ってもらったりもしたが,結局は中国での事業展開をあきらめた。

そうしたときに,大阪府の中小企業支援機関を知ることになり,展示会を通じて海外ビジネスの情報を収集することになった。2002年にマレーシア,2003年にシンガポール,2004年にインドネシアとタイに行き,展示会に出展した。2004年11月のタイの展示会のときに,同じく出展をしていたある会社の社長といろいろと会話を交わしていると,同社が抱く事業は,ベトナムが適切だとアドバイスを得て,2005年1月にベトナムを訪問し,数社を視察した。従業員の生活を想定した際に,拠点をホーチミンに決めた。そこから毎月ベトナムに行ったが,3月に東京に拠点をおくIT関連の会社と出会い,事務所の空きスペースの間借りの話を得て,契約し,2005年5月からスタートさせた。現地の従業員は4月から募集し,3名の技術スタッフと1名の通訳の合計4名でスタートした。

2012年11月現在で,ベトナム法人の従業員数は23名であり,プログラムの開発設計を行っている。仕事量の95％が日本向けとなっており,ベトナムで制作したデータを基に,日本で機械加工を行っている。現在,ベトナムでも販売していくことをねらいとしている。同社によれば,現在のベトナム法人は,あくまで日本の仕事を助けてもらっている存在であるが,今後は,ベトナムだけで十分に「飯を食べることができる」くらいになるまでに,あくまで自助努力でできるようになるまでレベルを上げていきたいという。

---

(13) TS社の中国・蘇州ビジネスの実態については,関(2014b)を参照のこと。

3 日本企業にとっての進出先国としてのベトナムの特長

本節では，第2節でとりあげた大阪府下の3社のケースから，日本企業にとって海外事業展開の進出先国としてみたベトナムの特長についてみていく。

3.1 ベトナムの人口動態，ベトナム人の性格，技能実習生

第1は，ベトナムの人口動態，ベトナム人の性格，さらには技能実習生にかんしてである。ベトナムにおける人口動態は，第1節のベトナム経済の概況でも示したように，日本企業にとって大変魅力的となっている。すでに示したように，ベトナムの人口は，2012年には9000万人を超え，これはASEAN諸国の中でインドネシア，フィリピンに次いで3番目である。近年，その増加率は減少傾向にあるものの，1979年から2009年までの人口の年平均増加率は1.7％であった（トラン 2010）。また他のASEAN諸国と比較しても，若年層が多いことで知られる。具体的には，2010年時点で10代後半だった世代が，ベトナムの中で最も多い世代層であり[14]，ちょうどいままさに働き出したころの世代が，労働市場の主役になっているのである。

こうしたベトナムの現状に比して，日本では，団塊世代と団塊ジュニアの世代と比べると他の世代層は圧倒的に少なく，さらに若年層は世代が下がるごとに層が薄くなっている。FI社の日本法人社長は，このような日本の少子高齢化に直面した人口動態を憂いて，ベトナム人を採用することに期待をした。つまり，日本の製造企業が長期的に存続していくためには，若い世代を確保・育成する必要があるが，それは日本よりも，他のASEAN諸国のなかでも，若年層が厚いベトナム人を仲間にし，ベトナムの若手従業員の力を

---

(14) アメリカ合衆国政府が発表した国際データベースに基づく。http://www.census.gov/population/international/data/idb/region.php?N=%20Results%20&T=12&A=separate&RT=0&Y=2010&R=-1&C=VM （2015年1月31日閲覧）

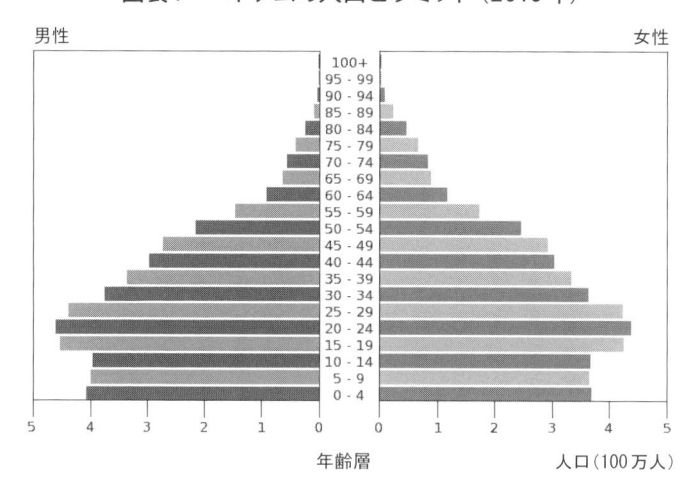

図表1　ベトナムの人口ピラミッド（2010年）

男性　　　　　　　　　　　　　　　　　　　女性

年齢層　　　　　　　　　　　　　人口（100万人）

出所：アメリカ合衆国国際データベース http://www.census.gov/population/international/data/idb/region.php?N=%20Results%20andT=12andA=separateandRT=0andY=2010andR=-1andC=VM（2015年1月31日閲覧）

借りることが必要であると考えている。

　また，ベトナム人は，勤勉で真面目であることが一般的に良く知られている。勤勉さや真面目さは，前節のケースからは確認することはできないが，同じ社会主義である中国人と比較すると，ケースから見られたベトナム人経営者および労働者の行動から，日系中小企業にて重視するベトナム人が，理解できない部分もあるが日本のやり方を慣れていこうとしたり，また日本的感覚を学ぼうとしたりする意欲が相対的にあることが推察できる。ベトナム人は，日本企業に勤務しているプライドは高く，会社への帰属意識も強い。さらには，自分たちの会社であるという気持ちも高い。上で紹介したケースからは，離職によりジョブホッピングを図る従業員も一部いるが，なかには長期継続的に勤務しながら，会社の発展に貢献する人材も育っていることがうかがえる。

　最後に，指摘しておくべきことは，日本では，ベトナムから多くの技能実

図表2　日本の外国人技能実習生受け入れ状況（2008年から2013年）

(単位：人)

	中国	ベトナム	インドネシア	フィリピン	タイ	その他	合計
2008年	54889	3765	3213	3533	1650	1100	68150
2009年	40841	2692	2148	2661	976	746	50064
2010年	36589	2647	2305	1701	907	700	44849
2011年	39140	4212	2415	1624	875	864	49130
2012年	35004	4788	1621	1550	807	1127	44897
2013年	29022	6254	1661	1775	1110	1257	41079
増減比率(%)(2008/2013)	52.9	166.1	51.7	50.2	67.3	114.3	60.3

出所：国際研修協力機構（JITCO）による

習生を受け入れているという点である。国際研修協力機構（JITCO）によれば，2008年から2013年までの間で，外国人技能実習生としての受入実績が多い国は，圧倒的に中国であるが，近年における中国の次点がベトナムであること，さらにこの2008年から2013年までの間の受入数の伸び率は，ベトナムが圧倒的に増大していることがわかる（166.1％）。上で示したケースからも，ベトナム人技能実習生の受入が，ベトナム進出を決断するきっかけとなっていることがわかる。

3.2　産官連携の推進

　第2は，日本中小企業のベトナム進出をいっそう促進していくための産官連携の推進が，まさに進行中であるという点である。そのうちの1つは，近畿経済産業局を中心とした日本中小企業進出のためのレンタル工場の整備である。またもう1つは，日本の政府開発援助（ODA）による草の根技術協力事業である。

① レンタル工場の整備

　FI社は，2011年の春ごろから，ホーチミン市から約42キロメートル離れたドンナイ省のロンドウック工業団地にて，日系中小企業のためのレンタル

工場の整備に努めている。ロンドウック工業団地は，日系企業が開発する工業団地であり，日本人スタッフも駐在し，日本語でのサポート体制を構築している。

　ロンドウック工業団地のプロジェクトは，近畿経済産業局が全面的にサポートしている。2012年から近畿経済産業局を事務局として，さまざまな関西の支援機関が連携し，関西企業のベトナム進出の支援を目指した関西ベトナム経済交流会議を設置した。2012年11月には，近畿経済産業局はベトナム商工省と裾野産業育成にかかる協力文書を締結し，現地の裾野産業育成に貢献する日本中小企業の進出を手がけることになった。このモデルとなったのが，ロンドウック工業団地であった。

　一般にベトナムの工業団地にて工場用地を確保しようとすると1000～2000平米が主流であるという。しかし中小企業にとっては，そのような大規模な用地は必要ない。また用地確保に必要な資金も確保することは容易ではなく，それがベトナムでの事業展開の障壁となりうる。ロンドウック工業団地の中小企業向けの用地は，1区画が500平米となっており，13区画を整備している。しかしながら，500平米でもまだ用地が大きすぎる場合もある。そこで用地を取得し，中小企業にまた貸しすることを主たる事業とする会社を設立した。そこが500平米の用地を取得し，その用地を小区画にし，100平米からでも借りることができるインキュベーション・ファクトリーの仕組を整備した。

　一般的に，ベトナムでは，同国が社会主義国であるということもあって，用地のまた貸しを勝手に行うことができないばかりか，そうして土地を取得したとしても投資ライセンスを取得することができない。しかし，日本の中小企業のベトナム進出をさらに実現していくためには，小区画の用地は必要不可欠である。そこで近畿経済産業局は，ドンナイ省をはじめベトナム政府に働きかけることで，インキュベーション・ファクトリーの仕組を実現することに成功した。2014年11月末現在で，分譲による進出企業の数は18社に

のぼっているという。

　近畿経済産業局は，2014年6月に，ホーチミン市との間に，ドンナイ省のときと同じような協力文書を締結し，日本中小企業の進出実現のために取組みつつある。具体的には，ヒェップフォック工業団地のなかにあるビーパンテクノパークの整備である。マネジメント機能を付した日系中小企業向けの専用レンタル工場を設置する予定である。

② ODAによる草の根技術協力事業─JICA関西の事例[15]

　ベトナムでは，日本の政府開発援助（以下，ODA）の一環として，開発途上国の地域住民を対象にした協力活動が行われている。これは草の根技術協力事業と呼ばれる。草の根技術協力事業では，地方自治体や地域の企業と連携し，製造業の経営能力向上およびものづくり人材の育成など日本各地の知見を活かした技術協力を行うことをねらいとしている。以下では，ODAの運営主体の1つである地域センターJICA関西を中心に，草の根技術協力事業としてこれまでに実施された代表的な事例をみていく。

　1つは，神戸市とベトナム北部で最大の港湾都市であるハイフォン市との間で進められている，ハイフォン港の設備改善である。神戸市とハイフォン市とは2013年12月にMOUを締結した。神戸市は日本でも有数の国際港である神戸港を有しているが，1995年1月の阪神淡路大震災以降，取扱量は大きく減ってしまった。しかし震災復興の経過とともに，港としての機能をさらに高めてきた。そうした神戸港の経験を活かし，ハイフォン港の設備改善に努めようとしている。また神戸市はベトナム中部の都市であるダナン市との間で，看護師の養成にかかるMOUを締結している。

　2つは，大阪市とベトナム南部の最大かつ商業都市であるホーチミン市と

---

[15] 2015年1月29日にアジア太平洋研究所（APIR）主催の研究会にて，同研究会にて講演を行った国際協力機構（JICA）関西国際センターが提示した資料に基づく。

第6章　日本ものづくり企業における進出先国としてのベトナム　*135*

図表3　ハロン港の景勝

出所：http://www.kyoto-np.co.jp/environment/article/20140906000018（2015年1月31日閲覧）

の間で進められている，下水処理および廃棄物処理，また低炭素型都市開発である。これらのなかでも下水処理については，2011年9月から大阪市の専門家を派遣し，大阪市が作成した下水システムの管理をするための下水道台帳システムを一部アレンジしながら構築し，それをホーチミン市に普及させるというものである（2014年9月まで）。そして次の段階では（2013年7月から），この台帳システムで下水道を管理しながら，老朽した下水管の修復を進めていく。この修復に日本の大手企業の技術が使われている。パイロット地区を決め，実際の技術をホーチミン市に理解してもらったうえで，全国的に広めていこうとしている（最終的には2016年3月までを予定）。

3つは，滋賀県とハイフォン市との間で進められているベトナム北部景勝地であるハロン港の海洋汚染防止である[16]。ハロン港は奇岩が林立する景勝地であり，1994年に世界自然遺産に登録された。しかし近辺のリゾート地にあるホテルやレストラン，また家庭からの排水が処理施設で浄化しきれずに海に流入し，水質悪化が問題視されていた。そこで滋賀県は，官学官によ

---

(16)　以下の記述の一部は，京都新聞2014年9月6日号を参照した。下記URLを参照のこと。http://www.kyoto-np.co.jp/environment/article/20140906000018（2015年1月31日閲覧）

る琵琶湖モデルを基にハイフォン市を支援することにした。このプロジェクトには滋賀県の環境保全会社であるHY社がかかわっている。

　以上のほかにも，JICA関西が管轄しているだけで，堺市とグアンニン省との間のハロン湾の水質改善に関するMOUや，京都市とフエ省との間の文化財保護・観光に関するMOUなどの取組事例がある。地方自治体および地域の中小企業を巻き込んだかたちでの国際事業がいっそう展開されることが期待されている[17]。

3.3 GMS経済回廊の整備

　現在，2015年12月のASEAN経済共同体の形成を目前としたベトナム経済にとって[18]，新しい局面になることが確実視されているのが，大メコン圏（以下，GMS：Greater Mekong Sub-region）における経済回廊の整備である。GMSはベトナムの他，ラオス，ミャンマー，カンボジアに中国の雲南省を加えた地域で，260万平方キロメートル，人口およそ3億人の広大な地域である。また，中国と東南アジアが結ばれる重要な位置でもある。1992年にアジア開発銀行が提唱し，域内の中国，ミャンマー，ラオス，カンボジア，タイおよびベトナムの6ヶ国の経済連携を強め，次区域の経済と社会の発展を促すために発足した。

　GMSでは，経済回廊とは，「三縦両横」という交通通路への建設を基に，産業，貿易及びインフラ施設の発展を促すことにより，より速い経済発展を実現できることを目指した。「三縦」は南北に走る通路で，「両横」は東西に走る通路である。

　東西経済回廊は，GMSを横断する全長1450キロメートルの壮大な物流

---

(17) 2015年1月29日にアジア太平洋研究所（APIR）主催の研究会にて，同研究会にて講演を行った国際協力機構（JICA）関西国際センターが提示した資料に基づく。
(18) ASEAN経済共同体については，石川・清水・助川（2013）ならびに深沢・助川（2014）が詳しい。

ルートとなっており，2006年12月に開通した。ベトナム中部のダナンとミャンマーの湾港都市モーラミャインとを北緯17度線に沿って一直線に結びつけている回廊である。また，第2東西経済回廊の整備も着実に進みつつある。これは，ベトナム南部最大の都市であり首都でもあるホーチミンと，カンボジアおよびタイの双方の首都（プノンペンとバンコク）を結ぶ1000キロメートルの重要な物流ルートである。この整備の総経費は6000億円とも言われている。関係国間では，国境での通関検査やビザ取得手続きの簡素化などが実現されている。

　ベトナム経済にとって東西経済回廊よりもさらに重要となりうるのが，南北経済回廊である。これは，中国が全面的に支援しているプロジェクトであり，中国雲南省昆明から雲南シーサンパンナ，そしてラオスを通ってバンコクに入る物流ルートである。全長は2000キロメートルあると言われる。南北経済回廊にはベトナムは通過しない。しかしながら，タイのピザヌロークという都市で，南北経済回廊と東西経済回廊とが交わっており，この都市をハブとして，ベトナムと中国雲南省昆明，さらにタイの首都バンコクとの間で物や人が行き来できるようになった。こうした意味で，南北経済回廊がベトナム経済に及ぼしうる経済効果は非常に大きいと推察される。

　ベトナムと中国との間では，中国雲南省昆明からベトナム北部最大の都市であるハノイ，そして港湾都市であるハイフォンまでを結ぶルートに加えて，中国雲南省南寧からハノイ，ハイフォンというルートを共同で協力して開発しようという動きがあり，これら2つのルートは「二回廊一経済圏」構想と呼ばれる。2国間の国境地域では，国境経済区の開発も進められている（グェン 2014）。

4　結びに代えて：タイ＋ワンとしてのベトナムを考える

　ASEANの中で中進国を脱しつつあるタイでは，経済社会情勢の変化もあ

り，現在までにタイ政府は，外国企業誘致政策および最低賃金政策の2つの制度を転換させた。これにより，これまで日系企業，とくに2000年代以降の日系ものづくり中小企業の進出先国として，チャイナ＋ワンとしても期待が高まっていたタイは，もはや従来型とは異なるタイビジネスのモデルが必要となっている（関 2015）。その1つが，タイ＋ワンであり，タイ国内での生産工程の中で，より労働集約的な工程をカンボジア，ラオス，またミャンマーといった周辺国に移管し，GMS内の地域間工程分業を構築する必要が出てきているというものである（大泉 2013）[19]。

しかしながら，本章で見てきたベトナムは，大メコン圏（GMS）のなかで見れば，唯一タイと国境を介さない国である。それゆえ，タイとタイ周辺国との間で構築されている地域間工程分業とは違ったかたちでのタイ＋ワンのモデルの構築が求められるかもしれない。本章で紹介してきたベトナムの特長を踏まえ，筆者は，ベトナムなりのタイ＋ワンのモデルの可能性を次のように考えている。

1つは，加工内容ごとでの地域間分業体制の構築である。ベトナム人は，ASEAN諸国の中でも勤勉で真面目であることが一般的に知られている。また日本のやり方を慣れていこう，また日本的感覚を学ぼうとする意欲がある。こうしたベトナム人労働者の性格は，たとえば切削といった精密加工などに適しており，タイ人と比較してもいまだベトナム人は賃金が相対的に安いために短期・中期的にベトナムに移管される可能性があると考える。

2つは，最終製品の販売市場としての可能性である。ベトナムでは，人口動態を見ると，ちょうどいま働き出したころの世代が労働市場の主役となっているが，これはベトナム戦争の影響により老齢人口が少ないことがある（春日 2014）。こうした若手世代が労働人口の増大に貢献していること，さ

---

[19] タイと周辺国との国際分業であるが，国土全体がその対象となるわけではなく，タイプラスワンは局地的な拠点に留まるとの指摘がある（助川 2014）。

らにこの数年において着実にベトナム国民の年間所得が増大していることなどからも，販売市場としての可能性がある。実際に，タイでチリソースを製造するローカル企業は，タイ国内の価格競争激化から，メコン圏の嗜好性の共通性という文化上の利点を生かし，ベトナムでの販売を強化しているという（関 2014a）。東西また南北の経済回廊の交差からも物や人が行き来することができるようになっており，タイローカル企業にみられる動きがベトナムにおいて本格化してくると予想される。

　3つは，第三国輸出入としての拠点としての可能性である。ハイフォン港が整備され，またこのハイフォンとハノイと中国雲南省昆明とを結ぶ高速道路が整備されれば，ハイフォン港を拠点として，1つは陸路で中国の昆明から，またもう1つは海路で中国広東省広州市や香港などから資材や原材料などを輸入することができ，また同時にタイからたとえば自動車部品などを陸路・海路をつうじて輸出することができるようになる。つまり，ベトナムが中国とASEANとの貿易の窓口となりうるのである。

　しかしながら，ベトナムに拠点をかまえるという点では，ベトナムそれ自体にいまだ残された課題も多い。1つは，ベトナムはタイと異なり，社会主義国であるということである。国営企業の民営化は取組まれているが，まだその数は多く，それゆえベトナムでパートナー企業の探索・選択することは相当にコストがかかる。また，とくに販売という点について，小売・流通の分野で，商工省の審査に時間がかかり，100％出資会社の設立の審査はスムースにいかないことがある。

　課題のもう1つは，北・中・南部で分断されている物流・市場特性である。ベトナム国内の道路事業は，2015年初頭現在において，北部のハノイや南部のホーチミンといった都市部では交通渋滞が慢性化している。日本のODAにより地下鉄1号線プロジェクトがホーチミン市内で開始されており，その完成が待たれるところである。さらに鉄道は道路事業よりもさらに脆弱である。南北と都市をつなぐベトナム鉄道総公社が運営する南北鉄道が，ベ

トナム国内唯一の鉄道となっている。ハノイ-ホーチミン間は1726キロメートルとなっており，片道に30時間も要する。高速道路の整備が検討されている。このようにベトナム市場は，北部と南部とで分断されている状態となっていると言わざるを得ず，なかには市場の発展性の高い南部で勝負してから，北・中部への進出を検討している企業が多いとも言われることがある（福森 2010）。

　市場としての可能性をもつベトナム経済であるが，その期待値は高いものの，上で見られるインフラ整備の遅れがベトナム経済発展の遅れの要因の1つとなっている。さらに若年層が十分な購買力をもちうるまでにはまだ時間が必要である。さらにベトナムにおいては2015〜2020年と人口ボーナスの期間が他のASEAN諸国の中でも比較的長く続くが，だからといって多くの時間が残されているわけではなく（大泉 2010），若年層が永続的に再生産されるわけでもない。こうした諸課題を念頭におき，ベトナムの特長を活かしたかたちでのタイ＋ワンの経営実践が日系企業，とくに中小企業には求められるであろう。

　以上の諸点はあくまでベトナム進出企業の実態からみた私見にすぎない。それぞれの論点について，具体的かつ綿密に今後検討していくことが必要であろう。

【参考文献】

池部亮（2013）『東アジアの国際分業と「華越経済圏」―広東省とベトナムの生産ネットワーク―』新評論

石川幸一・清水一史・助川成也編著（2013）『ASEAN経済共同体と日本―巨大統合市場の誕生―』文眞堂

大泉啓一郎（2011）『消費するアジア―新興国市場の可能性と不安―』中公新書

大泉啓一郎（2013）「『タイ・プラスワン』の可能性を考える―東アジアにおける新しい工程間分業」第51号，環太平洋ビジネス情報

大野泉（2014）「ものづくり中小企業の海外進出—『つながり力』を高める支援策，事例，提言—」『日本型ものづくりのアジア展開—中小企業の東南アジア進出と支援策—』一般財団法人アジア太平洋研究所

大野健一（2014）「ものづくり中小企業の海外進出—政策論—」『日本型ものづくりのアジア展開—中小企業の東南アジア進出と支援策—』一般財団法人アジア太平洋研究所

春日尚雄（2014）『ASEANシフトが進む日系企業—統合一体化するメコン地域—』文眞堂

株式会社帝国データバンク（2012）「ベトナム進出企業の実態調査」2012年2月公表

近畿経済産業局（2013）「中小企業の海外展開支援に向けた，関西アジア新興国の地域間における戦略的経済交流促進のための調査研究」

グェン・ホンソン，細川大輔訳（2014）「GMS開発計画による経済協力とヴェトナム」西口清勝・西澤信善編著『メコン地域開発とASEAN共同体—域内格差の是正を目指して—』晃洋書房

末廣昭（2014）『新興アジア経済論—キャッチアップを超えて—』岩波書店

助川成也（2014）「ASEAN統合に備えメコンの活用に踏み出す企業」深沢淳一・助川成也『ASEAN大市場統合と日本—TPP時代を日本企業が生き抜くためには—』文眞堂

関智宏（2013）「日本企業の国際化（3）—チャイナプラスワンの実態—」株式会社帝国データバンクSPECIA共同研究

関智宏（2014a）「タイの中小企業」植田浩史・本多哲夫・桑原武志・義永忠一・関智宏・田中幹大・林幸治『中小企業・ベンチャー企業論—グローバル化と地域のはざまで—（新版）』有斐閣

関智宏（2014b）「蘇州経済発展と中小企業—蘇州における日系企業，ローカル企業，外資系企業のインタビュー調査の記録—」『阪南論集 社会科学編』第50巻第1号，阪南大学学会

関智宏（2015）「ものづくり中小企業のタイ進出の実態と課題—ネットワーキングとビジネスの深耕—」大野泉編著『町工場からアジアのグローバル企業へ—中小企業の海外進出戦略と支援策—』中央経済社

関満博・池部亮（2012）『ベトナム／市場経済化と日本企業 増補新版』新評論

トラン・ヴァン・ドゥ（2010）『ベトナム経済発展論—中所得国の罠と新たなドイ

モイ―』勁草書房
西濱徹（2014）『ASEANは日本経済をどう変えるのか』NHK出版新書
西山茂（2013）「日本企業のベトナム進出の現状と課題」『早稲田大学国際経営研究』第44号，早稲田大学WBS研究センター
日経BP社（2013）『続・中国の次のアジア 勝てるアジア最前線』
深沢淳一・助川成也（2014）『ASEAN大市場統合と日本―TPP時代を日本企業が生き抜くためには―』文眞堂
福森哲也（2010）『ベトナムのことがマンガで3時間でわかる本』明日香出版社
藤岡資正（2013）「ASEANの成長を内需とせよ 最終回 中小企業のASEAN進出―連関性を活かした事業展開―」『企業診断』（11月号）
藤岡資正・P. チャイポン・関智宏編著（2012）『タイビジネスと日本企業』同友館
みずほ総合研究所（2014）『図解 ASEANの実力を読み解く―ASEANを理解するのに役立つ46のテーマ―』東洋経済新報社
領家誠（2013）「大阪のものづくり中小企業の現状，海外展開ニーズと支援における課題」『日本型ものづくりのアジア展開―ベトナムを事例とする戦略と提言―』一般財団法人アジア太平洋研究所
若松勇・児島英太郎編著（2014）『ASEAN・南西アジアのビジネス環境』日本貿易振興機構

関　智宏

第7章 「タイ+ワン」としてのベトナム

1 はじめに

「陸のASEAN」戦略の一つとして,「タイ＋ワン」に注目が集まりつつある。その背景には,①ASEAN各国の経済発展,②域内の経済回廊の整備,③域内関税障壁の撤廃への期待がある。この「タイ＋ワン」戦略は,タイでの人件費を始めとした生産コストの高騰への対応として語られることが多い。つまり,タイよりも人件費の低い周辺国にも拠点を持ち,域内分業を通じた最適な生産体制を構築する戦略である。

ベトナムは,カンボジア,ラオス,ミャンマーと並ぶ後発ASEANの1国であることもあり,タイ＋ワンのオプションの一つとして想定できそうである。しかしながら,ベトナムは,地理的にはインドシナ半島の東端に位置しており,タイから見るとカンボジアとラオスを跨いだ先にある。しかも,人件費水準で見ても他のタイ＋ワンの候補国より高コストである。それゆえ,生産コストの高騰への対応という意味で言えば,CLM（カンボジア,ラオス,ミャンマー）の方がベトナムよりも適しているように見える。たとえば,「『タイ＋ワン』の可能性を考える—東アジアにおける新しい工程間分業—」（大泉啓一郎 2013）では,陸のASEANにおける工程内国際分業の発展としての「タイ＋ワン」戦略の意義と課題が議論されているが,そこではCLMがオプションとして想定されている。

一方で,「タイ＋ワン」という議論から一旦離れて,日本企業の東南アジア展開の現場に目を向けると,特に近年,ベトナムはタイに並ぶ有力進出先候補の一つである。そして,ベトナム展開の現場（ベトナム現地と,ベトナム事業を手掛けている会社の日本本社）では,「タイとベトナムを,どう使い分けるか」「タイからベトナムを／ベトナムからタイを,どう攻略するか」といった議論が活発になってきている。日本企業の東南アジア展開を支援する経営戦略コンサルタントである筆者の経験としても,東南アジアの1国で展開するという視点よりも,陸のASEAN,あるいはASEAN全体を,どの

ようにして，攻略していくか，という議論が浸透してきたように思う。

結局，ベトナムは「タイ＋ワン」の有力なオプションになるのか，ならないのか。

ASEAN展開の現場における実際の議論と照らし合わせてみた時，これまでの「タイ＋ワン」戦略の視点では，射程と深さにおいて，捉え切れていない部分があるのではないか。この問いが本稿の知的意欲の原点である。つまり，単に，人件費の差を活用した域内分業という視点や，タイとベトナムにそれぞれ拠点を持つというだけの視点では，足りないのではないか。そこから更に踏み込んで，大略的には，「急成長する消費市場であると同時に，グローバル市場に向けた一大製造地域でもある『陸のASEAN』を，いかにして『面で』押さえるか」という視点が求められている。

本稿では，「タイ＋ワン」としてのベトナムに着目しながら，タイとベトナムのそれぞれの特徴や優位性を活かした「陸のASEAN」戦略について議論を進めていく。これは，「タイ＋ワン」という議論の枠組みからベトナムを捉えなおす試みであり，「『タイ＋ワン』のベトナム」という議論の枠組みから「タイ＋ワン」を捉えなおす試みでもある。そして，その試みの先にあるのは，「ASEANを面で押さえる」という耳当たりは良いものの，果たして実態の掴みづらい戦略の構想への示唆であると期待している。

2 タイ＋ワンとしてのベトナムの実態

2.1 タイ＋ワンとしてのベトナムの現状

① タイとベトナムの経済交流

まずは，タイとベトナムの間の経済交流の推移を確認する。

ベトナムは，90年代中ごろ以降，グローバル経済圏に組み込まれていった。1995年には，ブルネイ，インドネシア，マレーシア，フィリピン，シンガポール，タイに続く第7番目の国として，「ASEAN自由貿易地域の共

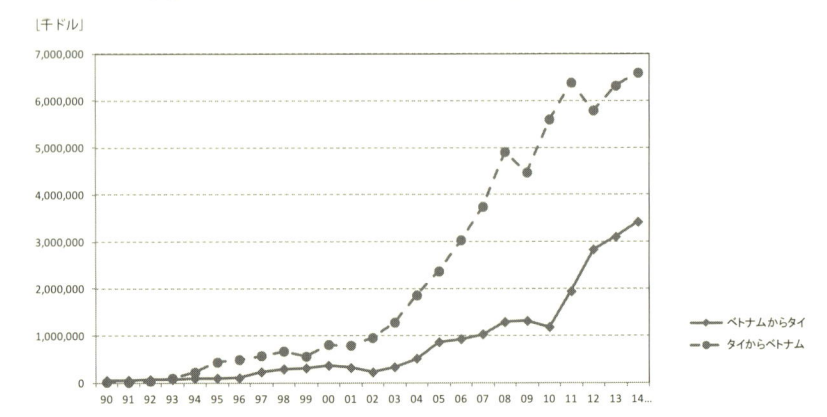

図表1　タイ-ベトナムの間の輸出量の推移

(注) 2014年は，1月〜8月分を，12ヶ月分へと計算した。
出所：ベトナム統計局

通実効特恵関税（CEPT）制度に関する協定（AFTA）」に加盟した。この協定に基づき，共通効果特恵関税（CEPT）が関税適用となり，ASEAN諸国とベトナム間の対象品目の関税が引き下げられた。続く2000年の米越通商協定，2003年の日越投資協定を経て，ベトナム政府は2006年にWTO協定加盟議定書を批准し，2007年にWTO正式加盟国となった。

この間，ベトナムは，周辺国との結びつきも強めていった。タイとの貿易は，特に，2000年代に入り，大きく増加傾向にある（図表1）。

製品別にみると，ベトナムからタイでは，輸送機器および部品（Other means of transportation, parts and accessories），原油（Crude Oil），鉄鋼（Iron and steel），エレクトロニクス部品（Electronic parts (including TV parts), computer and their parts），海産物（Fishery products）が上位5項目である。

一方で，タイからベトナムでは，工具および機械（Machine tools, mechanical equipment and spare parts）プラスチック（Plastics in primary

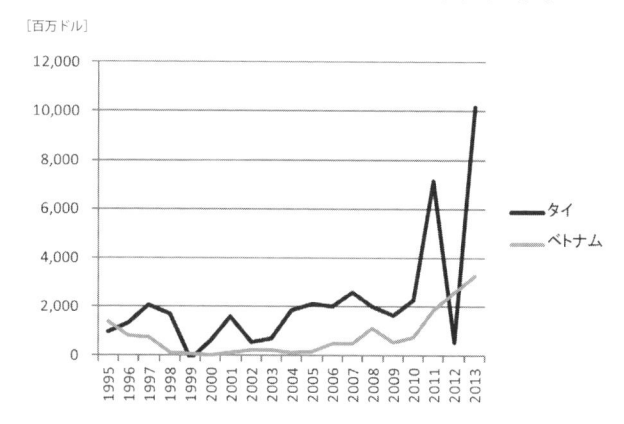

図表2　日本からのタイ/ベトナムへの投資額の推移

[百万ドル]

出所：JETRO

forms），輸送機器部品（Parts and accessories of vehicles, machines motor），石油製品（Petroleum products），エレクトロニクス部品（Electronic parts including television and computers parts）が上位5項目である（注：製品の定義は，ベトナム統計局に従う）。

② 日本企業のタイ/ベトナムへの進出状況

続いて，日本企業の進出状況に目を向ける。

日本企業のタイ進出の歴史は長く，1960年代から70年代初にかけての最初の進出の波以降，継続して日本企業が進出してきている。今や，自動車産業を始めとした種々の業種の日本企業が進出し，クラスターを形成するに至っている。2000年代に入ると，ASEANへの注目と重要性の高まりを受けて，タイへの投資は一段と増加している。

一方，日本企業のベトナムへの投資は，近年において増加傾向にある。2013年の投資額は，33億USDと，2000年代のタイへの投資額の水準を超える規模にまで拡大している（図表2）。

進出企業数で言えば，バンコク日本人商工会議所の会員企業数1552社，ホーチミン日本商工会の会員企業数703社と会員企業数ではバンコクが倍以上である（2014年5月時点）。しかしながら，直近の増加企業数で言えば，過去3年（2012年〜2014年5月）では，バンコク日本人商工会議所は181社，ホーチミン日本商工会は206社と，ホーチミンの方が上回っている。このホーチミン日本商工会の増加数は在東南アジアの日本商工会の中で最大の企業数の伸びとのことである（ホーチミン日本商工会インタビューより）。
　なお，ベトナムの新規進出企業の多さにも関わらず，投資額においてはタイと大きく差があるのは，ベトナムへの進出企業に中小企業が多いことを示している。

③ 在タイ企業のベトナムへの進出状況

　日本企業による「タイ+ワン」のベトナムの実態を示す統計として，2013年にバンコク日本人商工会議所が実施した調査（図表3及び図表4）を紹介する。対象は，バンコク日本人商工会議所に所属している企業である。つまり，タイに既に進出している日本企業である。これによると，拠点を設立済もしくは有望視する国として，ベトナムはインドネシアに次ぐ2位に位置付けられている。また，経済回廊沿いの都市別にみると，ダナンとホーチミンがトップ10に入っている。
　ASEANで最大の人口を有するインドネシアに次ぐ有力な拠点設立国として，ベトナムが日本企業から注目を集めている様子が伺える。

2.2 事例
① LIXIL：市場and生産拠点としての「陸のASEAN」

　総合建材メーカーのLIXILグループは，2014年1月にベトナム南部ドンナイ省のロンドゥック工業団地に300億円を投じた工場を竣工させた。サッシなどのアルミ建材を生産し，生産能力は月産2300トンである。また，

図表3 タイ+ワンの拠点設立国・有望国について（複数回答）

単位：件数、（ ）は回答企業割合（％）

	業　種	インドネシア	ベトナム	ミャンマー	カンボジア	ラオス	フィリピン	バングラディシュ	パキスタン	インド	スリランカ	その他	合計	回答企業数
製造業	食料品	1 (25)	2 (50)	0 (0)	1 (25)	1 (25)	0 (0)	0 (0)	0 (0)	0 (0)	1 (25)	1 (25)	7	4
	繊維	3 (75)	1 (25)	0 (0)	0 (0)	1 (25)	0 (0)	1 (25)	0 (0)	0 (0)	0 (0)	0 (0)	6	4
	化学	11 (85)	9 (69)	2 (15)	0 (0)	0 (0)	2 (15)	0 (0)	0 (0)	1 (8)	1 (8)		26	13
	鉄鋼・非鉄	5 (63)	4 (50)	1 (13)	0 (0)	0 (0)	0 (0)	1 (13)	1 (13)	0 (0)	0 (0)	0 (0)	12	8
	一般機械	3 (75)	2 (50)	0 (0)	0 (0)	0 (0)	1 (25)	0 (0)	0 (0)	0 (0)	0 (0)	0 (0)	6	4
	電気・電子機械	12 (57)	7 (33)	9 (43)	7 (33)	5 (24)	1 (5)	2 (10)	0 (0)	2 (10)	1 (5)	1 (5)	47	21
	輸送用機械	18 (82)	9 (41)	5 (23)	2 (9)	1 (5)	3 (14)	0 (0)	0 (0)	2 (9)	0 (0)	0 (0)	40	22
	その他	5 (33)	6 (40)	3 (20)	2 (13)	3 (20)	1 (7)	1 (7)	0 (0)	0 (0)	1 (7)	1 (7)	23	15
	製造業全体	58 (64)	40 (44)	20 (22)	12 (13)	11 (12)	8 (9)	5 (5)	3 (3)	2 (2)	4 (4)	4 (4)	167	91
非製造業	商社	19 (53)	14 (39)	20 (56)	9 (25)	6 (17)	5 (14)	2 (6)	1 (3)	0 (0)	0 (0)	0 (0)	76	36
	小売	1 (50)	1 (50)	2 (100)	1 (50)	1 (50)	0 (0)	0 (0)	0 (0)	0 (0)	0 (0)	0 (0)	6	2
	建設・土木	1 (50)	1 (50)	0 (0)	0 (0)	0 (0)	0 (0)	0 (0)	0 (0)	0 (0)	0 (0)	0 (0)	2	2
	運輸通信	0 (0)	1 (100)	1 (100)	1 (100)	0 (0)	0 (0)	0 (0)	0 (0)	0 (0)	0 (0)	0 (0)	3	1
	その他	0 (0)	0 (0)	3 (100)	2 (67)	1 (33)	0 (0)	1 (33)	0 (0)	0 (0)	0 (0)	0 (0)	7	3
	非製造業全体	21 (48)	17 (39)	26 (59)	13 (30)	8 (18)	5 (11)	3 (7)	1 (2)	0 (0)	0 (0)	0 (0)	94	44
	全　体	79 (59)	57 (42)	46 (34)	25 (19)	19 (14)	13 (10)	8 (6)	4 (3)	2 (1)	4 (3)	4 (3)	261	135
	今回順位	1	2	3	4	5	6	7	8	9	10	―		
	前回順位	1	2	3	5	7	4	6	9	8	10	―		

出所：バンコク日本人商工会議所「2013年下期タイ国日系企業景気動向調査」

LIXILグループにとって，このベトナム工場は，アルミ製品の製造拠点としては，タイのトステムタイに続く，2つ目の拠点であり，ASEANのサッシ市場でトップシェアを狙う同グループの重要拠点である。

　市場面の狙いとしては，ターゲット・セグメントの拡大が期待できることと，LIXILグループの既存の事業基盤を活用できることが，主だったものであると想定できる。
　ベトナムの経済発展に伴って，日本企業として戦う意義のあるミドル/ハイスペック製品のセグメントの拡大が十分に期待できるようになったことは大きな要因である。

図表4　タイ+ワンの設立済み・有望視する経済回廊沿いの拠点（複数回答）

単位：件数、（　）内は回答企業数割合（%）

順位		製造業								非製造業					全体
		食料品	繊維	化学	鉄鋼・非鉄	一般機械	電気・電子機械	輸送用機械	その他	製造業全体	商社	小売	運輸・通信	その他	非製造業全体	
1	ヤンゴン地域（ティラワを含む）〔東西〕	0 (0)	0 (0)	2 (33)	1 (14)	0 (0)	3 (18)	2 (13)	4 (44)	12 (21)	11 (42)	2 (67)	1 (100)	2 (67)	16 (48)	28 (31)
2	ミャンマー国内（ダウェイを含む）〔南部〕	0 (0)	0 (0)	2 (33)	2 (29)	0 (0)	3 (18)	2 (13)	2 (22)	11 (19)	9 (35)	0 (0)	0 (0)	0 (0)	9 (27)	20 (22)
3	プノンペン〔南部〕	0 (0)	0 (0)	0 (0)	0 (0)	0 (0)	3 (18)	2 (13)	2 (22)	7 (12)	6 (23)	1 (33)	0 (0)	2 (67)	9 (27)	16 (18)
4	ビエンチャン〔中央〕	0 (0)	1 (100)	1 (17)	2 (29)	0 (0)	3 (18)	1 (7)	1 (11)	9 (16)	4 (15)	1 (33)	0 (0)	1 (33)	6 (18)	15 (17)
5	ダナン〔東西〕	1 (100)	0 (0)	1 (17)	0 (0)	0 (0)	3 (18)	2 (13)	0 (0)	8 (14)	1 (4)	0 (0)	0 (0)	1 (33)	3 (9)	9 (10)
6	ホーチミン〔南部〕	0 (0)	0 (0)	0 (0)	2 (29)	1 (100)	1 (6)	1 (7)	1 (11)	6 (11)	0 (0)	0 (0)	0 (0)	2 (67)	2 (6)	8 (9)
7	サバナケット〔東西〕	0 (0)	0 (0)	0 (0)	0 (0)	0 (0)	1 (6)	1 (7)	1 (11)	3 (5)	1 (4)	0 (0)	0 (0)	1 (33)	2 (6)	5 (6)
8	ポイペト〔南部〕	0 (0)	0 (0)	0 (0)	0 (0)	0 (0)	1 (6)	1 (7)	0 (0)	2 (4)	1 (4)	0 (0)	0 (0)	1 (33)	2 (6)	4 (4)
8	コッコン〔南部沿岸〕	0 (0)	0 (0)	0 (0)	0 (0)	0 (0)	1 (6)	1 (7)	0 (0)	2 (4)	1 (4)	0 (0)	0 (0)	1 (33)	2 (6)	4 (4)
10	シアヌークビル〔南部沿岸〕	0 (0)	0 (0)	0 (0)	0 (0)	0 (0)	0 (0)	0 (0)	0 (0)	0 (0)	2 (8)	0 (0)	0 (0)	2 (67)	2 (6)	2 (2)
11	ミャワディー〔東西〕	0 (0)	0 (0)	0 (0)	0 (0)	0 (0)	0 (0)	0 (0)	1 (11)	1 (2)	0 (0)	0 (0)	0 (0)	0 (0)	0 (0)	1 (1)
11	パアン〔東西〕	0 (0)	0 (0)	0 (0)	0 (0)	0 (0)	0 (0)	0 (0)	1 (11)	1 (2)	0 (0)	0 (0)	0 (0)	0 (0)	0 (0)	1 (1)
11	ブンタウ〔南部〕	0 (0)	0 (0)	0 (0)	0 (0)	0 (0)	0 (0)	1 (7)	0 (0)	1 (2)	0 (0)	0 (0)	0 (0)	0 (0)	0 (0)	1 (1)
14	バベット〔南部〕	0 (0)	0 (0)	0 (0)	0 (0)	0 (0)	0 (0)	0 (0)	0 (0)	0 (0)	0 (0)	0 (0)	0 (0)	0 (0)	0 (0)	0 (0)
14	フエサイ〔南北〕	0 (0)	0 (0)	0 (0)	0 (0)	0 (0)	0 (0)	0 (0)	0 (0)	0 (0)	0 (0)	0 (0)	0 (0)	0 (0)	0 (0)	0 (0)
14	タケレク〔南北〕	0 (0)	0 (0)	0 (0)	0 (0)	0 (0)	0 (0)	0 (0)	0 (0)	0 (0)	0 (0)	0 (0)	0 (0)	0 (0)	0 (0)	0 (0)
—	その他	0 (0)	0 (0)	0 (0)	0 (0)	0 (0)	3 (20)	0 (0)	0 (0)	3 (5)	2 (8)	0 (0)	0 (0)	2 (67)	2 (6)	5 (6)
	合計	1	1	6	9	1	20	7	11	66	40	4	2	5	51	117
	回答企業数	1	1	6	7	1	17	15	9	57	26	3	1	3	33	90 (100)

(注)（　）は拠点がどの経済回廊沿いにあるかを示す。東西：東西経済回廊、南部：南部経済回廊、南部沿岸：南部沿岸経済回廊、中央：中央経済回廊、南北：南北経済回廊

出所：バンコク日本人商工会議所「2013年下期タイ国日系企業景気動向調査」

加えて、ベトナムでは、LIXILグループ内の衛生陶器メーカーであるINAXがトップシェアを誇っていることも大きく影響しているものと思われる。その結果、業界慣習への理解や、購買決定者（不動産オーナー・設計事務所・ゼネコン）とのネットワークを事業基盤として保有している。この基盤を使うことによって、効果的・効率的な事業拡大が期待できるところである。

一方で，生産面での狙いに目を向けると，域内での生産効率を改善することと，域内のリスクを分散することが，見えてくる。

トステムタイは，1987年に設立され，現在は日本向けの生産が主である。但し，今後は，開発担当の現地人材を充実させながら，現地向けの製品の拡販を図っていくとのことである。こういったLIXILグループのASEANアルミ建材事業の強化において，タイ拠点とベトナム拠点は協業の関係にある。長い歴史を通じて技術力を蓄えたタイ拠点と，人件費の低さを活かせるベトナム工場を使い分けることによって，域内での最適な生産工程を構築しているものと想定できる。たとえば，鋳造や部品製造の工程をタイで行い，アセンブリの工程をベトナムで行う，というような形が想定できる。

また，LIXILグループが工場竣工に先立ってベトナム法人を設立した2012年，前年に発生したタイでの洪水の影響で，トステムタイは操業が停止していた。そういった意味で，ベトナム工場は，ASEAN域内でのリスク分散先としての意義もある。

② グリコ：消費市場としての「陸のASEAN」：タイ→ベトナム

菓子メーカーの江崎グリコは，1970年にタイ法人タイグリコを設立した。タイグリコでは，ポッキーやプリッツの現地生産を行い，今や，タイ有数の菓子メーカーとなっている。

2012年9月，グリコは，ベトナムでのポッキーの販売を開始した。製品はタイグリコから供給し，まずはホーチミン市から展開，ハノイ市および他の地域へと順次展開を広げている。販売目標は，2016年度に約40億円である（日経産業新聞2012年9月26日）。

以降では，ベトナムへのポッキー投入の前後でのグリコの活動を整理しながら，同社がASEANを面で押さえようとする動きを考察する。

2012年2月，グリコはベトナムの大手菓子メーカーであるキンド社の株式を取得した。これにより，ベトナム全国に流通ネットワークを持つ現地企

業との提携関係を築いた。アジア新興国市場への進出においては，流通ネットワークの構築は大きな課題である。現地企業の買収や出資，現地有力企業との合弁会社の設立などのパートナリングは有力なオプションである。グリコの場合には，ベトナムの経済発展に伴った中価格帯の菓子市場が急拡大するタイミングにポッキーを一気に投入するべく，ベトナムでの流通ネットワークを「買った」のである。

　2012年11月には，インドネシアでもポッキーの本格販売を開始した。インドネシアでは，1980年からポッキーを販売していたものの，このタイミングで本格販売に舵を切った。2015年の売上高目標は10億円である（中国新聞2012年11月15日）。

　2012年12月には，グリコはポッキーの世界での売上高を2020年までに当時の3倍超の10億ドル（約840億円）に引き上げると発表した。中国，東南アジアでの販売を強化し，世界的なブランドに育てる方針である（日本経済新聞2012年12月18日）。

　また，2012年には，タイでは，小袋包装のポッキーの発売を開始している。それによって，タイ国内の低所得層への浸透と東南アジア諸国への展開を図っている。アジア新興国市場では，消費財や食品・飲料業界はもちろん，BtoBの業種においても，包装量の工夫による低所得層への浸透は，有効な施策の一つである。

　このように，グリコは，2010年代に入り，東南アジア市場への強化を進めた。その中心にはタイ拠点があり，重要攻略市場はベトナムであった。また，その戦略におけるポイントは，タイにすでに存在しているセグメント（中価格帯菓子市場）がベトナムで立ち上がるタイミングの見極めと，現地有力企業との資本提携を通じた全国流通ネットワークの獲得である。

　なお，グリコは，将来的にはベトナム現地生産も視野に入れている。各国による嗜好の違いへの対応と納期の短縮に加えて，タイ1国への集中による災害等のリスクを分散することが狙いである。

③ サッポロビール：消費市場としての「陸のASEAN」：ベトナム→タイ

　2011年11月，ベトナム南部のホーチミン市の西側のロンアン省に，サッポロベトナムの工場が竣工した。これは，ベトナム初の日本のビールメーカーのビール工場建設である。また逆に，サッポログループにとっては，初めて海外で自社建設するビール製造拠点である。(北米では，2002年にカナダのスリーマン社での現地生産を開始し，2006年には同社を買収し，北米での「サッポロ　プレミアム」の生産・販売の拠点としている)

　ベトナム拠点の一義的な目的は，ベトナム市場の攻略である。2011年のベトナムのアルコール消費量は26億5860万リットルとなり，タイの25億1870万リットルを抜いて，ASEAN最大のビール消費国となった。加えて，伸び率は10％を超える（ユーロモニター（日経MJ 2012年11月2日））。単価が低いため金額ベースの市場規模で言えばタイに差を開けられているものの，魅力的な側面のある市場であることには変わりない。また，経済水準の上昇にともなって，外資系ブランドが戦うプレミアムビール市場の拡大が期待できる。

　2012年には，ベトナム工場からタイやマレーシアへの輸出を始めている。サッポログループは，「グループ経営計画2011-2012」において，この期間を「成長軌道を確立する期間」として位置付けており，ベトナム拠点は東南アジア攻略の橋頭保と位置付けられている。加えて，タイやマレーシアにも展開することによって，総生産量を増やし，稼働率を上げ収益性を改善することにも繋がる。サッポロベトナムは，2019年に15万KLの生産能力を実現させることを目標に掲げており，ベトナム国内での浸透と周辺国への拡大を図っているところである。

図表5　ASEAN各国の基礎情報

項目		単位	ベトナム	カンボジア	ラオス	ミャンマー	タイ	マレーシア	インドネシア	フィリピン	出所
人口(2012年)		千人	90,796	14,865	6,646	52,797	66,785	29,240	246,864	96,707	国連
1人あたりGDP(2013年)		USD	1,902	1,016	1,477	869	5,674	10,548	3,510	2,790	IMF
賃金(2013年)	ワーカー(一般工職)	USD	145	74	132	53	345	344	208	260	ジェトロ
	エンジニア(中堅)	USD	342	298	336	138	698	944	373	388	
	中間管理職	USD	787	563	410	433	1,574	1,966	1,206	910	
	非製造業スタッフ	USD	418	297	321	236	664	858	423	495	
	非製造業マネジャー	USD	976	1,088	1,109	668	1,602	1,986	1,245	1,373	
成人識字率		%	94 (2009年)	74 (2009年)	73 (2005年)	92 (2012年)	96 (2010年)	93 (2010年)	93 (2011年)		世界銀行

「賃金」は，各国主要都市の月額基本給（JETRO「第23回 アジア・オセアニア主実施」）

3 「タイ+ワン」としてのベトナムとの向き合い方

3.1 後発ASEANの中のベトナム

① 基礎情報の比較

　ベトナムと他の後発ASEAN（カンボジア，ラオス，ミャンマー）の基礎的な情報は，図表5の通りである。ベトナムは，9000万人の人口を有し，1人当たりGDPは，2000ドルに迫る水準にある。それは，タイよりは経済水準において劣るものの，後発ASEANの中では，最も多くの人口を有し，最も高い1人あたりGDPの国である，ということになる。それゆえ，人件費水準でいえば，総論で言えば，ベトナムがコスト高ということになる。ただし，職種別に見ると賃金格差に違いがあるし，非製造業マネジャーについては，ベトナムよりもラオスやカンボジアの方が単価が高い。人材プールの小ささゆえに，供給が需要に追い付かず，ラオスやカンボジアでも単価が上がっている状況が見て取れる。

　また，人材の質を見る指標として識字率に着目すると，ベトナムとミャンマーは，カンボジアとラオスに比べて，高い水準にある。更に図表6・7に示

第7章 「タイ+ワン」としてのベトナム　155

図表6　初等教育におけるドロップアウト率

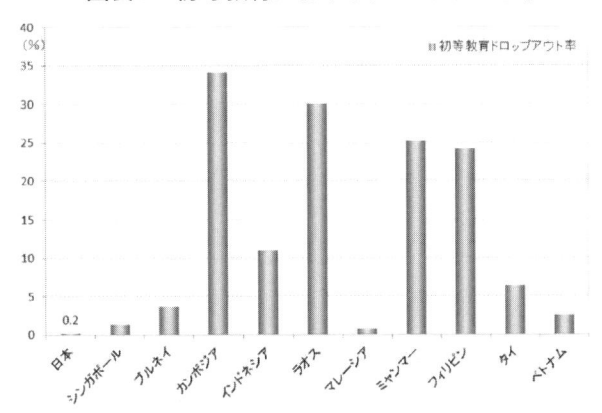

(注）初等教育最終学年までの累積ドロップアウト率。タイ（2000）、フィリピン・シンガポール（2008）、マレーシア・ミャンマー（2009）、その他の国は2011年のデータをそれぞれ利用。

図表7　各国1人あたりGDPと中等教育＊就学率

＊日本では、中学校、高等学校に相当

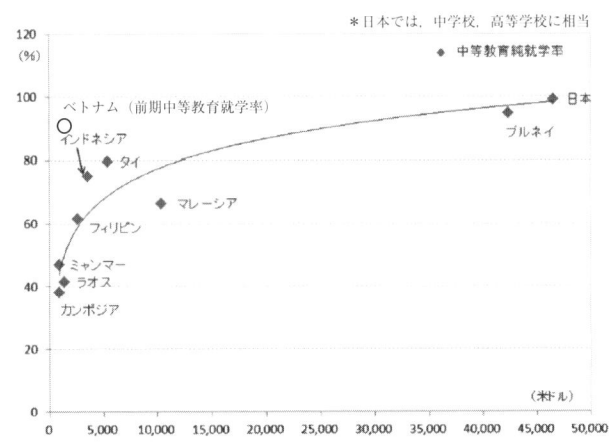

(注）就学率は中等教育純就学率。カンボジア（2008）、フィリピン（2009）、ミャンマー（2010）、日本・インドネシア・マレーシア（2011）、ブルネイ・ラオス・タイ（2012）のデータをそれぞれ利用。シンガポール、ベトナムのデータはなし。ラオスは11-17歳の就学率。一人当たりGDPは2012年の名目米ドル建てデータを利用。

出所：井出和貴子（2014）「ASEANにおける教育の充実と経済成長」
　　　大和総研

しているような就学状況に関するデータを見ると，ベトナムの労働者の平均的な基礎能力は，CLM（カンボジア，ラオス，ミャンマー）より優れていると言える。実際，カンボジアに工場建設を検討した企業が，カンボジアでの採用候補者の算数・国語の能力の物足りなさを目の当たりにして，既存のベトナム工場を強化することに方針を切り替えた，というような事例もある（もっとも，ベトナムのビジネスの発展のためには，論理的な思考やコミュニケーションといったビジネス基礎力の底上げが不可欠であることは，同時に指摘しておかなければならない）。

② 日本とベトナムの距離（違い）

　企業の海外展開に関する議論の中で，本国と進出国との距離が視点として提示されることがある。たとえば，パンカジ・ゲマワット教授は，文化的（Cultural）隔たり，制度的（Administrative）隔たり，地理的（Geographical）隔たり，経済的（Economical）隔たりという4つの軸での本国と進出先国の距離（違い）を捉えるCAGEフレームワークを提示している。

　日本とベトナムについて見ると，補足的であるが，しかし，とても重要な要素でもあることとして，特に，文化的な距離の近さが際立っているように考えている。文化というよりも，人々の性格，というか，性質というようなものかと思う。東南アジア各国のビジネスパーソンと関わりのある筆者としても，日本人とベトナム人は，口に出さない言外のコミュニケーションの幅や中身が近しいように感じている。結果，他の国と比べると，日本でのマネジメントの仕方がベトナム現地でも適応しやすいケースが多い（当然，海外なので，「ベトナム人は，日本人と違って…」という話題には事欠かないわけではあるし，日本でのやり方を，そのままベトナムに持って来ても，うまくいかないことがほとんどであることは，いくら強調しても足りないところではあるが）。

　特に，オーナー企業の場合，社長がベトナム視察で触れ合ったベトナム人

第7章 「タイ＋ワン」としてのベトナム　*157*

の気質の良さのために，すっかりベトナムを気に入って進出を決定するというケースも少なくない。これも，ベトナムと日本の距離の近さを示しているように思う。

（参考）ホーチミン日本商工会　大林事務局長のコメント（2014年9月）
　ここ数年，ベトナムへの日本企業の進出は非常に活発である。ここ3年では，ASEANにある日本商工会の中で，ホーチミン日本商工会の新規入会企業数が一番多い。
　タイ＋ワンに関して，人件費の水準で言えば，ベトナムよりもラオスやカンボジアの方が魅力的であるが，人材の質を考慮するとベトナムは優れたオプションであると考えている。
　タイとベトナムを繋ぐ経済回廊は，整備が進んでいない部分もあるものの，今後の経済交流が更に活発になっていくに従って整備が進んでいく。
　一方で，現地調達率の低さは課題である。コストを下げることが出来ると狙ってベトナムに進出してきても，材料や部品をタイなどの周辺国や日本から調達しなければならず，結局コストが下がらないというケースも多い。日本品質を実現するためには，現地で調達できるものでは満足できないということがあるからである。今後，日本企業の進出先としてベトナムが発展していくためには，現地調達率の改善が求められる。

（参考）JETROホーチミン事務所　安栖所長のコメント（2014年10月）
　一般的に，「タイ＋ワン」と言えば，ラオスとカンボジアを想定しているケースがほとんである。しかし，実際には，ラオスやカンボジアでは人口の少なさゆえに労働者が集まらないということもある。そういう意味でも，タイで活動する日本企業にベトナムへの関心を高めてもらう意義があると思っている。日本企業にとって，ベトナムという国は，ラオスやカンボジアとは異なり，「タイORベトナム」というような位置づけであるように思う。つ

まり，タイの拠点を補完する国というよりは，タイに並ぶ重要拠点の国，ということだと理解している。

ベトナムとタイは，Win-Winの関係で発展していくことが出来る。つまり，ベトナムはタイの経済力をテコに成長し，タイはベトナムの人材を活用して更に発展していく。JETROホーチミン事務所としても，2013年には，タイで活動する日本企業向けにベトナム進出に関するセミナーを開催した。

ただし，ベトナムの産業政策の動向が課題になる可能性はある。ベトナム政府には，中期的な産業育成の方向性を適切に描いた上で，種々の施策を進めていくことを期待している。

3.2 「タイ＋ワンとしてのベトナム」戦略の構築と実行

①「タイ＋ワンとしてのベトナム」戦略の類型

ベトナムを，タイおよびCLM（カンボジア，ラオス，ミャンマー）と比べると，以降のような整理が出来る。紙幅の関係で大雑把な整理ではあるが，基本的には合意頂けると思う。

経済水準：ベトナムの1人当たりGDPでは，タイよりは低く，CLMよりは高い。それゆえ，ベトナムのミドル／ハイセグメント市場は，タイを追いかける形で立ち上がってきている。現地で事業展開している方に話を聞いても，「タイは日本の15年前，ベトナムは更に10年前，カンボジア・ラオス・ミャンマーはもっと昔」というような感覚を伺うことがある（この認識が適切な戦略策定の障害になっているケースもあるが…）。

生産インフラ：ベトナムの生産インフラ（電力，水等）や，産業クラスターの発展状況は，概して言えばタイに比べると見劣りする。国内外・官民の貢献によって，インフラ整備が求められているところである。一方で，CLMと比べた場合には，整備が進んでいる。進出候補となる工業団地で言えば，選択肢の量と質において，ベトナムの方がCLMの先を行っている。

人材：人件費の面で言えば，一般的にはCLMよりもコスト高になるもの

の，一方で人材の質と量で言えばCLMよりも魅力がある。

人口：9000万人の人口は，労働力の供給力であると同時に，マーケットとしての潜在性も意味している。今後の経済水準の向上に伴って，陸のASEANで最大規模の市場へと発展していくことが期待できる。

　こういった特徴を踏まえて，CLMを前提にした「タイ＋ワン」戦略とは異なる，「タイ＋ワンとしてのベトナム」戦略の類型を整理してみる。

　まず，類型を整理する軸としては，展開の方向（タイ→ベトナム／ベトナム→タイ）と，展開の志向（マーケット志向／生産競争力強化志向）の2つがある。ベトナムからタイに進出するケースを想定できることと，ベトナムのマーケットとしての魅力が展開の大きな要因の一つになることが特徴である。以降では，これら2つの軸によって定義される4つの戦略類型について議論を進めていく。なお，実際の事業展開においては，4つの分類は排他的なものではなく，たとえば，タイからベトナムに展開する際に，マーケットを狙うと同時に，生産競争力強化も狙う，というようなことがある。

■**品質コストバランス戦略**
　（生産競争力の強化志向×タイ→ベトナム）
　生産競争力を高めるために，タイ拠点に加えてベトナムにも拠点を持つ場合は，ベトナムでの生産コストの低さを活かしたコストダウンを狙うことになる。たとえば，部品製造や付加価値の高い工程をタイで行い，労働集約的なアセンブリ等の工程をベトナムで行う。ベトナムを選択する理由としては，人件費の低さ（とはいえ，CLMよりは高い）と，人材の質・量のバランスが最適であるということになる。または，ベトナムは南シナ海に面しているので，販売面も含めたロジスティクスコストも勘案した場合に，カンボジアやラオスよりもコスト安になるケースもある。ベトナムでの完成品は，ベトナムも含むASEAN市場向けに展開される場合もあれば，グローバル市

場向けに展開される場合もある。

■付加価値創出力強化戦略
（生産競争力の強化志向×ベトナム→タイ）
　この戦略は，質の高い人材の確保のしやすさや産業クラスターの存在といった，タイでの開発/生産環境の良さを活かした戦略である。この類型の中には，日本本社に置いていた工程をタイの既存拠点に移管する場合も想定している。すなわち，タイとベトナムに，それぞれ独立した拠点を持っている状態から，タイを中心としたASEANバリューチェーンの構築・強化を図るというものである。

■高付加価値訴求/タイムマシン戦略
（マーケット志向×タイ→ベトナム）
　この戦略は，タイに拠点を有する会社が，市場としてのベトナムを狙って進出するケースである。その場合，すでにタイで立ち上がっている市場が，ベトナムの経済発展に伴って立ち上がり始める，まさにそのタイミングを狙って，進出することになる。ベトナム市場の側から見ると，これまでに無かったモノ・サービスや，これまであったけれども少し質の高いモノ・サービスがやってくる，ということになる。
　（なお，タイムマシン戦略という用語は，主にはインターネット業界において使用されてきた用語で，ソフトバンクの孫社長が提唱し実践してきた。すなわち，アメリカで先立って発展しているサービスを，業界の発展においては「未来」であるアメリカから日本に持ち込んで展開するというものである。いくつかの（または，多くの）業界では，タイとベトナムの関係は，「未来」と「過去」の関係があることから，タイムマシン戦略という言葉を採用した。）

図表8　タイとベトナムの事業環境と「タイ+ワンとしてのベトナム」戦略の類型

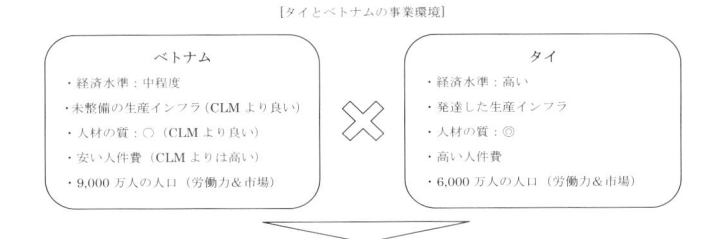

[タイとベトナムの事業環境]

ベトナム
- 経済水準：中程度
- 未整備の生産インフラ（CLMより良い）
- 人材の質：○（CLMより良い）
- 安い人件費（CLMよりは高い）
- 9,000万人の人口（労働力＆市場）

×

タイ
- 経済水準：高い
- 発達した生産インフラ
- 人材の質：◎
- 高い人件費
- 6,000万人の人口（労働力＆市場）

[「タイ+ワンとしてのベトナム」戦略の類型]

	マーケット志向	生産競争力強化志向
タイ → ベトナム	■ 高付加価値訴求／タイムマシン戦略	■ 品質コストバランス戦略
ベトナム → タイ	■ コストリーダー戦略	■ 付加価値創出力強化戦略（日本からタイへの機能移管も含む）

※オプションとしては，タイ/ベトナムへの統合・集約の戦略もある。

■コストリーダー戦略

（マーケット志向×ベトナム→タイ）

　逆に，ベトナムの生産拠点からタイの消費市場へと進出する場合には，ベトナムでの生産コストの低さを活かすことになる。ベトナムは，タイに比較すると，物価，人件費，規制への対応コストなどの点で，生産コストが低くなることがある。ロジスティクスコストを勘案してもなお，コスト優位性がある場合には，それを活かして，販売価格を下げたりマーケティング予算を増やしたりすることで，タイ市場での競争力を得ることが出来る。

　また，ベトナム市場に加えて，タイ市場，あるいは，他の周辺国にも展開することによって，ベトナムの生産拠点の稼働率や生産規模が向上し，結果として，ベトナム国内での競争力強化や収益性改善に繋がることもある。

前出の事例を当てはめてみると，LIXILの場合は，高付加価値訴求/タイムマシン戦略と，品質コストバランス戦略の両方を意識している。グリコの場合は，高付加価値訴求/タイムマシン戦略で，サッポロビールの場合は，コストリーダー戦略ということになる。

　加えて，「タイ+ワン」ではないが，タイとベトナムの位置づけという意味では，集約戦略もオプションとなる。すなわち，タイとベトナムの生産拠点のうちの一つを閉じて，生産拠点の統合・集約をすることである。ASEAN域内の関税障壁と国際物流コストが低下するのに従って，むしろ，拠点を集約することによる規模の経済を追求する戦略である。たとえば，製造業では，ベトナムの高関税も考慮してベトナム国内にアセンブリ拠点を持っているケースにおいて，今後の関税撤廃に伴ってタイで生産した完成品をベトナムに輸出した方が，ユニットコストが低くなることも想定される。AEC（ASEAN Economic Community）成立を契機に，活発になる動きの一つであると想定できる。

　すなわち，AECの進展は，分散と集約という真逆の動きを活発にする。どちらのオプションを採用するかは，業界特性や自社のポジションを総合的に勘案した固有解として導かれるものである。

　② オプションとしての北部，中部，南部
　ベトナム展開のオプションとしては，大きくは，ハノイ市周辺の北部，ダナン市周辺の中部，ホーチミン市周辺の南部がある。以降では，簡単にそれぞれの特徴を確認する。

　北部は，バイクメーカーや家電・事務機器メーカーを頂点としたサプライチェーンが形成されている。こういった企業の中には，タイとベトナムに拠

点を持ち，タイから部品を供給しベトナムでアセンブリして世界市場に展開しているケースや，ベトナムからタイに部品を供給してタイでのアセンブリや最終加工の後にタイ国内に展開しているケースがある。また，ベトナムに拠点を持つファーストティア，セカンドティアのメーカーが，タイのセットメーカーに対して供給をしているケースもある。これも，広義には「タイ＋ワンのベトナム」と捉えることも出来る。なお，中部や南部に比べると，海運と比べた時の陸運（経済回廊）のメリットが大きく，経済回廊の活用も進んでいる。

　産業によってはサプライチェーンが発達しつつあることから，現地調達率を高く保ち，ベトナム生産のコストメリットを十分に享受できる可能性はある。それゆえ，品質コストバランス戦略におけるオプションとしては有力である。一方で，北部の市場は，南部に比べると，保守的な消費者の志向であるとされており，ベトナム市場にとって新しさのあるような製品を展開するような，高付加価値訴求／タイムマシン戦略のオプションとしては劣後になるケースが多いように思われる。

　中部は，展開先候補としては北部や南部よりはメジャーではないものの，北部や南部での人件費高騰や人材確保の課題の影響で，注目を集めつつある。いくつかの大手メーカーが進出したことによって，労働集約的業種の展開が期待されている。地理的には，バンコクから繋がる東西回廊の東端に位置し，陸のASEANの海への玄関口の一つであることから，輸出拠点としての魅力も期待できる。

　産業の集積が進んでいないことから，現地調達は，一般的には難しさがある。それゆえ，自社内で労働集約的に完結するような業種・工程であれば，品質コストバランス戦略のオプションとしての中部の魅力は高い。一方で，市場に目を向けると，経済水準と人口において北部と南部に魅力が劣るため，高付加価値訴求／タイムマシン戦略のオプションとしては劣後になる。

南部は，大手から中小の種々の業種が展開しているものの，北部に比べると，セットメーカーを頂点にしたサプライチェーンの整備は進んでいない。結果として，現地調達に課題があることから，タイから原料や部品を調達するケースも多い。また，逆に，地理的な近さもあり，ベトナム南部の工場からのタイ市場へ供給するケースも多い。なお，ベトナム南部からバンコクには，南部回廊があるものの，実際には，道路の整備が進んでいないこともあり，海運に対する優位性が小さいため，ベトナム南部とタイの間は海路でのロジスティクスが一般的である。

　現地調達が難しく日本または周辺国からの調達になった場合，人件費メリットが相殺されてしまう可能性がある。しかしながら，人材の質の高さゆえに，品質コストバランス戦略のオプションとして，ベトナム南部が最適となるケースがある。一方で，市場に目を向けると，一般的に新しいものに対する感度が高いとされており，ベトナム全土を視野に入れた橋頭保として，高付加価値訴求/タイムマシン戦略の最適オプションとして期待できる。

③「タイ＋ワンとしてのベトナム」戦略の実行における課題

　これまで見てきたように，タイとベトナムの拠点を統合的に活用することによって，グローバル市場における優位性を構築する余地は十分にありそうである。しかしながら，事業展開の現場に目を向けると，タイとベトナムのそれぞれに拠点を有しているものの，2つの拠点が十分に統合されておらず，「1+1」が単に「2」になるだけであったり，「2未満」になってしまったりするケースも多いように思われる。以降では，「タイ＋ワンとしてのベトナム」戦略の実行における課題を議論していく。

司令塔の不在

　タイとベトナムの拠点を有効に活用して域内最適化を図ることは，両拠点の統合プロセスであるともいえる。そのプロセスでは，各拠点が「しないこ

と」を決める必要があるため，なかなか各拠点自身では意思決定が進まない。全機能を備えることによって，海外現地法人として晴れて元服というような発想が，域内最適化を妨げているケースも見受けられる。現地法人としては，独り立ちを目標に機能の充実を図ったものの，結果としてASEAN域内では機能の重複が増えていくということがある。特に，日本企業の場合，トップダウンマネジメントが弱いことが多く，「現場に任せる」という言葉の下に「放任」状態になってしまうことがある。現地法人が横の連携を自発的に強化しようとしても，その効果は限定的である。

　こういった事態を避けるためには，やはり，両拠点の上に司令塔となる存在が必要となる。日本本社や地域統括拠点，または，タイかベトナムの拠点のどちらかが，主導的に統合を強力に進めることが求められる。

相違点と共通点の整理の不十分
　タイとベトナムの間には，様々な違いがある。生産面で言えば，人材の特徴，生産インフラの整備状況，調達物の質などがあり，市場面で言えば，顧客の志向，業界構造，競合の競争力などがある。こういった違いが「タイ＋ワンとしてのベトナム」戦略の競争力の源泉であるはずであるが，一方で，適切に対応することが出来なければ，「タイ＋ワンとしてのベトナム」戦略の失敗の要因となる。たとえば，タイの拠点で販売している製品をベトナムに展開する時の販売戦略，あるいは，タイからベトナムにある工程を移管する時のオペレーションは，マイナーチューニングが必要になるケースが多い。場合によっては，メジャーチューニングかもしれない。

　こういった違いへの対応は，「やりながら調整していく」という側面があることも，事実である。しかしながら，展開前に出来るだけ実態を把握した上で，対応を設計しておくことが望ましい。

両拠点の接点におけるコミュニケーションの頻度と量の低さ

　司令塔を置いている場合でも，日常業務ではタイとベトナム両拠点の現場間のコミュニケーションが必要になる。物理的に離れている上に，母国語でのコミュニケーションではないため，業務上必要最低限のコミュニケーションになりがちである。しかしながら，単なる無機質で最低限の情報交換では，意思疎通に齟齬が起こってしまうのが実際のところである。少し過剰ではないか，というくらいのコミュニケーションの頻度と量が望ましい。

　また，日本企業の場合，現場マネジャーレベルでの健全なせめぎ合いがカイゼンやイノベーションの契機になることも多いため，コミュニケーションの密度は意識的に高く保つ必要があると考えている。

　そのためにも，ナショナリティを超えた，企業としてのアイデンティティをグローバルに醸成していくような取り組みも必要になる。

両拠点の位置づけの定期的な見直しの欠如

　タイとベトナム両国の位置づけは，刻々と変化し得る。経済水準，人件費水準，現地調達率といった両国の相対的な関係もあれば，関税，ロジスティクス経路・コストといった両国の間の環境もある。環境変化に応じて，定期的に両拠点の位置づけを見直す必要がある。ある時に強みであった「タイ＋ワンのベトナム」戦略が，時間が経てば逆に弱みのもとになってしまうこともある。生産拠点の投資をしてしまうとなかなか柔軟性を維持することは難しいものの，中期的に起こり得る変化を見据えて，見直しのタイミングとオプションを抱えた事業計画を持つことが必要である。

4 おわりに

　ASEAN諸国間の経済的な国境は，高さゼロに向かって進み続けている。そもそも，ホーチミンからバンコクまで，たった2時間弱のフライトである。

陸のASEANを一つの塊として捉えるべきことは，もはや自明である。しかしながら，「均質な一つ」に向かうわけではなく，「ひとまとまりに繋がっていくモザイク」である。ASEAN全体を一つの対象として捉えるならば，その中には，様々な国家，所得，民族，宗教，文化，嗜好などの入り混じるモザイクであると言える。川端教授（2010）は，国家間のモザイク性と，ミクロレベル（国内あるいは都市内）のモザイク性について議論をしている。

同時に，日本企業のASEAN進出が近年急速に進んでいる。東南アジア内に2つ以上の拠点を持つ会社も増えてきた。ASEAN域内で複数国に跨って生産活動が行われたり，ある国で作った製品を他の国で販売したり，ということは自然の流れとして増えてくることである。そういった動きの中で，タイとベトナムは，有力展開国の2つである。この2国を，いかに使い分け，統合していくのか，は，陸のASEAN戦略の成否を決めるとも言える。そこでは，各国を「東南アジア」と一括りにすることなく，それぞれの違いとギャップを丁寧に捉え，強みと課題を整理していく視点が必要である。つまり，東南アジアで戦う日本企業にとっては「違い」のマネジメントが鍵である。

タイとベトナムの「1+1」が「2以上」になるように，「タイ+ワンのベトナム」戦略が実行されていくことを通じて，日本企業と東南アジアが共に発展していくことを期待している。

【参考文献】

井出和貴子（2014）「ASEANにおける教育の充実と経済成長」大和総研

大泉啓一郎（2013）「『タイ+ワン』の可能性を考える―東アジアにおける新しい工程間分業―」第51号，環太平洋ビジネス情報

川端基夫（2010）「拡大するアジアの消費市場の特性と日本企業の参入課題」『経

済地理学年報』第56巻
パンカジ・ゲマワット（2009）『コークの味は国ごとに違うべきか』文藝春秋
バンコク日本人商工会議所（2013）「2013年下期タイ国日系企業景気動向調査」
JETRO（2013）「第23回 アジア・オセアニア主要都市・地域の投資関連コスト比較」

小川達大

索　引

[欧文]

AEC　2, 11, 13, 16, 30, 38, 113
ASEAN　13, 31, 32, 36-40, 42, 45, 47, 48, 73, 98, 99, 113, 126, 137-140, 165
ASEAN+6　37
ASEAN10カ国　45, 120
ASEAN経済共同体（ASEAN Economic Community: AEC）　103
ASEAN経済統合（AEC: ASEAN Economic Community）　30
ASEAN経済連携協定国（EPA）　86
ASEAN諸国　2, 100, 121, 130
ASEAN地域　40
CAGEフレームワーク　10, 156
CLMV　16
GMS（Greater Mekong Subregion）　98, 121, 136, 138
ODA　12, 74, 139
ODA事業　110
SEZ（経済特区）　11, 58, 63, 91, 105-107, 109-112, 114-116
SEZ開発　107
SEZ制度　64
Win-Winの関係　158

[あ行]

アセアン経済共同体（AEC）　iii
アンカー企業　76
域内の生産分業体制　11
域内産業再配置　7
域内分業　144
域内分業体制　iv, 7-8
イスカンダル・プロジェクト　32
一般特恵関税制度（Generalized System of Preferences: GSP）　84
イノベーション駆動型の経済　iv, 5
迂回輸出　iii
衛星（サテライト）拠点　22, 29
お互いプロジェクト　41, 44-45, 47-48

[か行]

カイメップチ-パイ深水国際港湾　12
拡大メコン経済圏プロジェクト（Greater Mekong Sub-Region: GMS）　79
活動の集約化（規模の経済性の追求）　19
企業活動の国際配置　21
企業特殊的な能力　22
企業特殊的な優位性　21
規模の経済　13, 162
規模の経済性　6, 13, 20
行政コスト　22
共通実効特恵関税（CEPT）制度　146
空洞化論　33
クラスター　vii, 49
クラスターリンケージ　28, 45
グローバル・バリューチェーン　20
経営コスト　22
経営資源探索型（の投資）（resource/labor seeking FDI）　iii
経済回廊　12, 59, 68, 136, 139, 163
経済的（Economical）隔たり　156
経済的コスト　22
経済特区（SEZ）制度　105
結合的な行為（arrays of associated actions）　16
コスト優位型海外投資　iii
互恵関係　16, 40
効率駆動型経済　iv, 5
高付加価値型産業の創造　5

国境ビジネス　19
国境ボーナス　19, 20, 57
国境開発　68
国境地域　116
国際分業　28
国際分業体制　33, 96

[さ行]

サービスリンク　19
サービスリンク・コスト　19, 21, 52, 54-55, 57
裁定戦略　iv, 6, 13, 14, 20, 21
サヴァナケット　52, 56, 59, 61
サヴァナケット経済特区　66
サプライチェーン　iv, 2, 7, 14, 20, 31, 34-36, 38, 62-64, 164
サプライチェーンのリージョナル化　8
サプライヤー　76
サポーティング・インダストリー（サプライヤー）　75
サワンナケート　80, 82
サワンパーク経済特区　73
三縦両横　136
産業クラスター　8, 44, 47, 76, 160
産業クラスター形成　36, 43, 48
産業構造の転換　5
産業再配置　30
産業集積　2, 7, 77, 80, 120
産業集積地　107
市場探索型の投資　iii
資本集約化　120
資本集約型産業　4
資本集約的な生産工程　79, 80
ジャパン＋ワン　32, 35, 36, 40
ジャパン＋ワン戦略　28, 33, 34, 42
集積の経済　76
集約化　17
集約戦略　13, 14, 20

重力モデル　11
シンガポール＋ワン　32
シングル・ウィンドウ　58, 62
シングル・ストップ　58
裾野産業育成　133
すり合わせ　34
すり合わせ型　40
「すり合わせ型」ものづくり　2, 34
制度的（Administrative）隔たり　156
政府開発援助（Official Development Assistance）　vi, 73, 132, 134
正の凍結（ロックイン）効果　77
生産コスト　52, 56, 76
生産ネットワーク　v, 49
生産ブロック　iv, 12, 13, 17, 19, 20
生産活動の分散化　14, 17
生産工程　54
生産工程のフラグメンテーション（分断化）　52
生産工程の国際再配置　113
生産工程の分散化　17
絶対価値　16
絶対的な価値
セミ・グローバリゼーション　9
セミ・グローバル　10
セミ・グローバル化　9
戦略的パートナーシップ　40
戦略的互恵関係　vi, 22
相互依存関係　57
相互互恵　48
相対的な価値　vii

[た行]

タイ＋CLMV　10-12
タイ＋メコン　121
タイ＋ワン　v, 6, 18, 21, 28-32, 35, 36, 40, 68, 73, 78, 79, 90, 96, 102-104, 111, 112, 114, 116, 121, 122, 138, 140, 144,

145, 148, 154, 157-159, 162, 165
タイ＋ワンの戦略　82
タイ＋ワン型の対外直接投資　100
タイ＋ワン現象　28, 31, 35
タイ＋ワン戦略　v, 2, 3, 10, 20, 21, 28-30, 34, 41, 42, 83, 96, 145
タイ投資委員会（BOI: Board of Investment）30, 61
大メコン圏（GMS: Greater Mekong Sub-region）121, 136, 138
大メコン圏（GMS）経済協力プログラム　97
大メコン圏開発プロジェクト（GMS）　72
第1次アンバンドリング　97
第2次アンバンドリング　21, 97, 98, 102
ダウェイ　40, 52, 59, 66, 106
ダウェイ深海港総合開発　11, 40
地域間工程分業　121
地域戦略　vii
地域統括拠点　165
地域補完型工業化戦略　78
知識集約型産業　4
地理的（Geographical）隔たり　156
チャイナ＋ワン　21, 28, 30, 73, 78, 80, 96, 112, 120, 121, 138
チャイナリスク　21
中間財貿易　21
中所得国の罠（Middle Income Trap）　iv, 4, 5, 30, 39
超国家リージョン　v, 10
直接・間接費　78
直接・間接労務費　78
ドイモイ政策　120, 121, 125
東西回廊　64, 163
東西経済回廊　6, 14, 59, 72, 79, 136, 137
東部臨海地域　52

[な行]

南部経済回廊　6, 12, 66, 68, 72, 79, 106, 107
南北経済回廊　6, 72, 79, 137
二回廊一経済圏　137
ネアックルン　106
ネアックルン橋　12

[は行]

パシフィック（太平洋側）＋ワン　31
バリューチェーン　19-21, 52, 53-55, 57, 59, 68, 160
バリューチェーンの断片化　17
汎用化のジレンマ　42
範囲の経済性　6
比較優位　41
ファクトリーアジア　20
ブーメラン垂直分業型フラッグメンテーション（国際分散立地）　80
負のロックイン（凍結）効果　77
プノンペン経済特区（PPSEZ）　102
フラグメンテーション（断片化）　3, 13, 17, 54
＋ワン　32, 34, 44, 49, 96, 112
＋ワン型　97, 99, 113
＋ワン型分業体制　100
＋ワン現象　35
＋ワン戦略　19, 96
分散化（経済的裁定戦略）　19
分散立地　iii, 20, 54
文化的（Cultural）隔たり　156
ベトナム＋ワン　104, 114
補完的域内分業体制　iv
ポイペト　61

[ま行]

マキラドーラ　53, 58

ミッシングリンク　38
ミャワディ　59, 61, 62, 64, 65
メコン経済圏　30, 37, 68
メコン地域　iv, 2, 6, 7, 10, 13, 22, 52-54, 96, 97, 102
モーラミャイン　137
モザイク性　167
「モジュール型」ものづくり　34

[や行]

要素駆動型経済　iv, 5

[ら行]

ラオス・サバナケット　103
リージョナル生産分業体制　v
リージョナル戦略　3

利益創出拠点　7
立地の粘着性　22
立地特殊的な優位性　21
リバースイノベーション　42
労働集約型産業の産業構造　120
労働集約生産基地　61
労働集約的　77, 111, 159
労働集約的な後工程　80
労働集約的な生産ブロック　21
労働集約的な生産活動　18
労働集約的な生産工程　52, 79, 113
ワンストップサービス　61, 67
陸のASEAN　12, 144, 145, 148, 151, 153, 163, 167
「陸のASEAN」戦略　144

【編著者紹介】

藤岡 資正（Dr. Takamasa Fujioka）··はじめに，第1章担当
チュラロンコン大学サシン経営大学院日本センター所長

英国オックスフォード大学サイード経営大学院修士課程修了（MSc. in Management Studies），同校経営哲学博士（Doctor of Philosophy in Management Studies）。ノースウエスタン大学ケロッグ経営大学院客員研究員などを経て現職。現在，早稲田大学大学院客員准教授，名古屋商科大学大学院客員教授，広島大学非常勤講師などを兼任。専門は経営戦略論，マネジメント・コントロール・システム論。近著に，『タイビジネスと日本企業』（共編著，同友館，2012年），『タイの経営・日本の経営』（カナリア書房，2015年）。

【執筆者紹介】

松島 大輔（Mr. Daisuke Matsushima）··第2章担当
タイ王国政府国家経済社会開発委員会（NESDB）および工業省政策顧問

東京大学経済学部卒（特選論文受賞），ハーバード大学修士課程修了。World Food Policy Journal編集委員会メンバー。経済産業省（当時通商産業省）入省後，JETROニューデリー・シニアディレクター兼知的財産部長，通商政策局アジア大洋州課課長補佐（総括補佐），経済産業研究所コンサルティング・フェローなどを経て現職。著書に『空洞化のウソ』（講談社新書，2009年）。

田口 博之（Dr. Hiroyuki Taguchi）··第3章担当
埼玉大学経済学部教授

早稲田大学博士号取得。経済企画庁入庁後，インドネシア国政府政策顧問，内閣府経済財政運営総括担当参事官，経済社会総合政策研究所総務部長，財務省財務総合政策研究所次長，タイ王国政府政策顧問などを歴任後，現職に至る。専門は，アジア経済，国際金融。"Inflation Targeting and the Pass-through Rate in East Asian Economies", Asian Economic Journal等英文ジャーナル掲載論文多数。

鈴木　基義（Dr. Motoyoshi Suzuki）……………………………………………第4章担当
ラオス計画投資省JICA専門家・上級顧問

ラオス首相府永久顧問，サワンナケート県，チャンパーサック県知事特別顧問，ラオス国立大学客員教授，サワンナケート国立大学客員教授，ヴィエンチャン日本語補習授業校校長等も兼任。三重大学教授等を経て，平成14年から鈴鹿国際大学学長，平成18年ガーナ財務・計画省顧問（JICA），平成19年ラオス計画投資省政策顧問，平成20年広島大学・大学院国際協力研究科教授，平成22年シエラレオネ財務経済開発省上級顧問（JICA），平成23年から現職。経済学博士。

植木　靖（Dr. Yasushi Ueki）………………………………………………第5章担当
東アジア・ASEAN経済研究センター（ERIA）エコノミスト

1999年アジア経済研究所（IDE-JETRO）入所。2002〜05年国連ラテンアメリカ・カリブ経済委員会（ECLAC）勤務。2007〜12年JETROバンコク研究センター研究員。2014年より現職。大阪大学博士（国際公共政策）。

関　智宏（Dr. Tomohiro Seki）……………………………………………第6章担当
同志社大学商学部准教授

神戸商科大学（現兵庫県立大学）大学院経営学研究科博士後期課程単位取得退学（博士（経営学））。阪南大学経営情報学部専任講師，阪南大学経営情報学部・大学院企業情報研究科准教授，阪南大学経営情報学部・大学院企業情報研究科教授 を経て現職。この間，インペリアルカレッジロンドンビジネススクール客員研究員，チュラロンコン大学サシン経営大学院日本センター訪問研究員。専門は中小企業論・中小企業経営論。主要業績は，『現代中小企業の発展プロセス―サプライヤー関係・下請制・企業連携―』（ミネルヴァ書房，2011年）（財団法人商工総合研究所中小企業研究奨励賞準賞），『タイビジネスと日本企業』（共編著，同友館，2012年）。

小川　達大（Mr. Tatsuhiro Ogawa）………………………………………第7章担当
Corporate Directions, Inc. (CDI) Asia Business Unit Director

同ベトナム法人General Director，同シンガポール法人Vice Presidentを兼任。東京大学法学部卒。
日本国内での日本企業に対する経営コンサルタント経験を経て，東南アジアへ活動の拠点を移す。以降，消費財メーカー，産業材メーカー，サービス事業など様々な業種の東南アジア展開の支援を手掛けている。ASEAN域内戦略立案・実行支援，現地企業とのパートナリング（MandA，JVづくり，PMI等）支援，グローバルマネジメント構築支援など。日本企業のアジア展開支援だけでなく，アジア企業の発展支援にも取り組んでおり，アジアビジネス圏発展への貢献に尽力している。

2015年6月30日　第1刷発行

日本企業のタイ＋ワン戦略
―メコン地域での価値共創へ向けて―

Ⓒ 編著者　　藤　岡　資　正

　　発行者　　脇　坂　康　弘

発行所　株式会社 同友館

〒113-0033 東京都文京区本郷3-38-1
TEL.03(3813)3966
FAX.03(3818)2774
http://www.doyukan.co.jp/

落丁・乱丁本はお取り替えいたします。　　三美印刷／松村製本
ISBN 978-4-496-05145-6　　　　　　　Printed in Japan

本書の内容を無断で複写・複製（コピー），引用することは，
特定の場合を除き，著作者・出版者の権利侵害となります。